现代农产品与
健康生活小百科

◎ 罗赛男　李先信　卜范文　主编

中国农业科学技术出版社

图书在版编目（CIP）数据

现代农产品与健康生活小百科 / 罗赛男，李先信，卜范文主编. —北京：中国农业科学技术出版社，2020.6（2024.4重印）

ISBN 978-7-5116-4749-8

Ⅰ. ①现… Ⅱ. ①罗… ②李… ③卜… Ⅲ. ①农产品—质量管理—安全管理 Ⅳ. ①F307.5

中国版本图书馆CIP数据核字（2020）第081280号

责任编辑	崔改泵　李　华
责任校对	马广洋

出 版 者	中国农业科学技术出版社
	北京市中关村南大街12号　　邮编：100081
电　　话	（010）82109708（编辑室）　（010）82109702（发行部）
	（010）82109709（读者服务部）
传　　真	（010）82106650
网　　址	http://www.castp.cn
经 销 者	各地新华书店
印 刷 者	中煤（北京）印务有限公司
开　　本	880mm×1 230mm　1/32
印　　张	5
字　　数	119千字
版　　次	2020年6月第1版　2024年4月第2次印刷
定　　价	38.00元

版权所有·翻印必究

《现代农产品与健康生活小百科》

编委会

主　编　罗赛男　李先信　卜范文

副主编　张　文　韩　健　陈尔曼

　　　　邓享棋　王艳兰

编　委（按姓氏笔画排序）

　　　　卜范文　王艳兰　邓享棋

　　　　李先信　张　文　陈尔曼

　　　　罗赛男　韩　健

序

史学家班固在《汉书》中写到"民以食为天,食以安为先",突出强调食品安全的重要性。农产品作为食品中重要一环,是生活中一日三餐必备,与人们健康生活息息相关。随着生产力的提高,科学技术的发展,现代农产品呈现出多元化、多样化发展,在给人们带来丰富选择的同时,也给大众带来疑虑和因为不了解而带来的不安。比如到底什么是"两品一标"?和我们生活有什么关系?杂交水稻是怎么种出来的?紫色马铃薯是不是转基因的?什么是富硒的水果?等等诸如此类问题。党的十九大报告强调,现在社会主要矛盾已经转化为人民日益增长的美好生活需要与不平衡不充分的发展之间的矛盾。所以,现代农产品的健康与否,直接影响人民对美好生活的追求,缺乏科学认知,必然影响消费者放心购买,进而影响生产者积极性,不利于现代农业健康可持续发展。

该书主编罗赛男博士作为湖南省现代农业产业技术体系专家,专业知识深厚,编写该书的其他作者都来自涉农专业的各个领域,基础理论扎实,实践经验丰富。该书从"两品一标"基础知识入手,囊括主粮、杂粮、蔬菜、水果、花卉、家禽、家畜和水产中常见问题，从专业角度进行解疑答惑，文字通俗易懂。

为响应中央一号文件精神，加强农业科技推广，普及正确科学知识，编写此书，旨在提高读者的科学认知，知其然，更知其所以然，进而引导广大消费者建立健康科学的生活方式，从消费和需求的角度倒逼现代农业加快转型升级。

总之，该书是一本非常实用、及时、权威的科普读物，特作序推荐。

湖南省农业科学院院长

2020年4月

前　言

食物是人类赖以生存和发展的最基本的物质条件。相对于传统的农耕时期，现代农业产业的迅速发展，琳琅满目的农产品早已丰富了我们的餐桌和客桌。食物的量的问题已经基本解决，消费者对现代农业产品的质量、品质、安全要求也越来越高。近年来网络媒体等发布的一些食品质量安全问题的真实性有待论证，但是由于网络传播的迅速性，导致现代农产品质量安全问题不仅仅是一个经济问题，还是一个社会问题，已经引起有关部门的高度重视。

现代农产品质量安全包括原料生产安全、加工技术安全、商品化技术安全等多个环节，所以本书从农业"两品一标"的生产标准，向读者介绍现代农产品生产、管理和质量控制的先进水平，突出了对现代农产品的质量安全要求。本书主要通过收集生活中、网络和媒体中关注度比较高的问题，分主粮、杂粮、水果、蔬菜、花卉、畜禽、水产等章节，对提问和关注度比较高的问题，从专业和科普的双重角度进行解答，希望能为大家答疑解惑。

初稿完成以后，十分感谢单杨院长、罗赫荣研究员、李先信研究员、卜范文研究员对全书给予了大力支持，并进行了全面指导，提出了许多宝贵的修改意见，由张文负责统一修改，我个人也对部分章节做了修改。从本书整体构思到书写，以及章节划分，编写人员无不倾注了心思，但由于水平有限，仍有欠缺，还望读者对书中不当之处批评指正。

罗赛男

2020年4月20日于长沙马坡岭

目　录

第一篇　"两品一标"科普篇

1. 什么是认证？我国与农产品相关的认证有哪些？ … 3
2. 与农产品出口相关的认证有哪些？ …………… 3
3. 什么是"两品一标"？和"三品一标"有何区别？ … 4
4. 什么是食用农产品合格证制度？ ……………… 4
5. 什么是绿色食品？绿色认证农产品有何特点？ …… 4
6. 什么是有机产品、有机食品？有机认证农产品
   有何特点？ ……………………………………… 5
7. 有机农业就是传统农业吗？ …………………… 6
8. 有机产品为什么价格很高？ …………………… 6
9. 有机产品认证的流程是什么？ ………………… 7
10. 有机产品如何保证真实、有效和可追溯？ ……… 8
11. 什么是产品地理标志？ ………………………… 8
12. 为什么要保护产品地理标志？ ………………… 9
13. 什么产品能申请地理标志？ …………………… 10
14. 可以申请产品地理标志的主体有哪些？ ……… 10
15. 可以向哪些部门申请产品地理标志？ ………… 11

16. 申请产品地理标志需经哪些主要程序？ …………… 11
17. 产品地理标志是否有有效期？ ……………………… 12
18. 国家对产品地理标志如何监督管理？ ……………… 13
19. 什么是HACCP认证？ ………………………………… 14
20. 什么是GAP认证？ …………………………………… 15
21. 什么是GAP认证机构？ ……………………………… 15

第二篇　主粮篇

1. 你了解彩色大米吗？ …………………………………… 19
2. 紫色的马铃薯是转基因的吗？ ………………………… 19
3. 农业农村部公布的转基因的作物有哪些？ …………… 19
4. 什么是爆裂玉米？为什么爆裂玉米不经过高压力就可以膨裂？ ……………………………………………… 20
5. 淀粉的种类你知道多少？ ……………………………… 20
6. 窝窝头是用什么做的？ ………………………………… 21
7. 红米饭是染红的吗？ …………………………………… 21
8. 竹米是什么？ …………………………………………… 21
9. 红薯和地瓜是一个东西吗？ …………………………… 22
10. 菜籽油颜色浅和颜色深的哪种更健康？ …………… 22
11. 怎样分辨甜玉米和糯玉米？ ………………………… 23
12. 怎样吃红薯更健康？ ………………………………… 24
13. 水果玉米是可以直接吃的吗？ ……………………… 24
14. 五谷都是稻谷吗？ …………………………………… 24
15. 黑米、小米和糯米哪种米更营养？ ………………… 25
16. 什么是杂交稻？ ……………………………………… 26
17. 什么是常规稻？ ……………………………………… 26

18. 什么是再生稻？ ················· 27
19. 长米粒和圆米粒有什么不一样？ ········· 27
20. 菰米是什么米？ ················· 28
21. 爆裂玉米有什么营养价值？ ··········· 28
22. 油菜怎么种出各种图案？ ············ 29
23. 变绿的马铃薯可不可以吃？ ··········· 29
24. 大麦、小麦分不清吗？ ·············· 30
25. 红心、白心、黄心、紫心红薯哪种更有营养？ ·· 30
26. 食用大豆安全吗？ ················ 30
27. 你能区分籼米和粳米吗？ ············ 31
28. 精米和糙米哪个更营养？ ············ 31
29. 自己用粮食酿酒甲醇容易超标吗？ ······· 32

第三篇　杂粮篇

1. 什么是五谷杂粮？ ················ 35
2. 什么是药食同源？药食同源的杂粮有哪些？ ·· 35
3. 什么是饭豆？饭豆有什么功能？ ········ 35
4. 苦荞和甜荞有什么区别？ ············ 36
5. 常吃蚕豆能预防老年痴呆吗？ ·········· 36
6. 吃蚕豆带皮好还是不带皮好？ ·········· 37
7. 孩子经常喝豆浆会引起性早熟吗？ ······· 37
8. 什么是穄子？穄子有什么营养价值？ ····· 37
9. 什么是谷子？谷子有什么营养价值？ ····· 38
10. 什么是糜子？糜子有什么营养价值？ ····· 38
11. 薏苡有什么功能？ ················ 39
12. 绿豆的主要营养成分和功效是什么？ ····· 40

13. 燕麦的主要营养成分和功效是什么？ ……………… 40

14. 高粱的主要营养成分及用途是什么？ ……………… 41

15. 什么是鹰嘴豆？主要营养成分和功效是什么？ …… 41

16. 粗粮有几种？ ………………………………………… 42

17. 青稞知多少？ ………………………………………… 42

18. 常吃杂粮有什么好处？ ……………………………… 42

19. 荞麦、燕麦知多少？ ………………………………… 43

20. 麦片是怎么做的？ …………………………………… 43

21. 哪些人群不适合吃哪种杂粮？ ……………………… 44

第四篇　水果篇

1. 什么是富硒猕猴桃？ ………………………………… 47

2. 猕猴桃有何快熟小妙招？ …………………………… 47

3. 鲜摘的草莓都是催红的吗？ ………………………… 47

4. 奶油草莓是用牛奶培养出来的吗？ ………………… 48

5. 红肉的水果都有哪些？ ……………………………… 48

6. 哪些水果是需要催熟的？ …………………………… 48

7. 橘子里面为什么会有蛆？ …………………………… 49

8. 堪比鱼子酱的柑橘，你见过吗？ …………………… 49

9. 湖南有哪些原产地保护的水果？ …………………… 49

10. 苹果有哪些神奇功效？ ……………………………… 50

11. 酸味水果有解酒的作用吗？ ………………………… 50

12. 水果酵素有何妙用？ ………………………………… 51

13. 蓝莓、树莓、黑莓和桑葚，功效相同吗？ ………… 52

14. 如何自制苹果醋？ …………………………………… 53

15. 荔枝、龙眼如何保鲜？ ……………………………… 53

16. 香蕉如何不变黑？ ········ 54
17. 低糖、高糖水果分别有哪些？ ········ 55
18. 菠萝与凤梨有何区别？ ········ 55
19. 什么是冰糖心阿克苏苹果？ ········ 55
20. 柑橘可以烤着吃吗？ ········ 56
21. 红色果肉的柑橘更营养吗？ ········ 56
22. 柑橘果实的橘络也是宝吗？ ········ 57
23. 所有的橘子都统称柑橘吗？ ········ 57
24. 一个榴莲的营养等同于三只鸡吗？ ········ 57
25. 榴莲的种子可以吃吗？ ········ 58
26. 刺葡萄是什么？ ········ 58
27. 刺葡萄酿酒的优势有哪些？ ········ 59
28. 杨梅吃前需浸泡一下吗？ ········ 59
29. 如何挑选好的山竹？ ········ 60
30. 什么是油蟠桃？ ········ 60

第五篇　蔬菜篇

1. 一年四季适宜吃什么蔬菜？ ········ 63
2. 菠菜吃之前，用热水还是冷水焯？ ········ 63
3. 如何快速除去叶菜的农药残留？ ········ 64
4. 哪些蔬菜可以降血压、降血脂、降血糖？ ········ 64
5. 哪些蔬菜可以降尿酸？ ········ 65
6. 食用菌的家族到底有多大？ ········ 66
7. 毒韭菜真的有毒吗？ ········ 66
8. 哪些蔬菜吸收重金属能力最强？ ········ 66
9. 西蓝花隔水蒸最抗癌吗？ ········ 67

10. 冬瓜、南瓜要不要削皮吃？ ………………………… 67
11. 家庭阳台适宜栽培的蔬菜有哪些？ …………………… 68
12. 抗癌的蔬菜有哪些？ …………………………………… 68
13. 野菜也疯狂？ …………………………………………… 69
14. 胡萝卜适合生吃还是用油炒？ ………………………… 69
15. 反季节蔬菜的栽培种类有哪些？ ……………………… 70
16. 反季节蔬菜真的不好吗？ ……………………………… 71
17. 膳食纤维是什么？哪些蔬菜富含膳食纤维？ ………… 71
18. 西瓜是水果还是蔬菜？ ………………………………… 71
19. 拇指西瓜，你吃过吗？ ………………………………… 72
20. 如何识别好的干辣椒？ ………………………………… 72
21. 切辣椒辣手如何解决？ ………………………………… 73
22. 茄子的种类和营养有哪些？ …………………………… 73
23. 农药污染严重和污染相对较少的蔬菜有哪些？ ……… 74
24. 如何挑选又甜又粉的南瓜？ …………………………… 74
25. 如何识别野生菌是否有毒？ …………………………… 74
26. 西红柿是生吃营养还是炒着吃营养？ ………………… 75
27. 深色蔬菜有几种？ ……………………………………… 76
28. 绿色土豆有毒吗？ ……………………………………… 76
29. 无根的豆芽是怎么来的？ ……………………………… 77
30. 用流水洗菜即能去农药吗？ …………………………… 78

第六篇　花卉篇

1. 家里摆放哪些植物可以吸收甲醛？ …………………… 81
2. 哪些植物不宜放置于室内？ …………………………… 81
3. 浇花的水有哪些，如何改变土壤pH值？ …………… 82

4. 风油精可以防蚜虫吗? ……………………… 82
5. 哪些植物可以防辐射? ……………………… 82
6. 哪些植物可以驱虫? ………………………… 82
7. 香草的种类有哪些? ………………………… 83
8. 如何延长鲜花的瓶插时间? ………………… 84
9. 如何制作干花? ……………………………… 85
10. 什么叫做"干透浇透"和"见干见湿"? ……… 86
11. 水培植物的好处有哪些?如何养护? ……… 86
12. 紫色的花海都是薰衣草吗? ………………… 87
13. 室内花卉植物如何换盆? …………………… 88
14. 木槿花可以吃吗? …………………………… 89
15. 能看又能吃的花有哪些? …………………… 89
16. 常饮花茶养生吗? …………………………… 90
17. 什么是植物精油? …………………………… 91
18. 如何防止盆花土壤板结? …………………… 92
19. 简单实用的家庭养花浇水小方法有哪几种? …… 93
20. 花卉容易发黄的原因有哪些? ……………… 93
21. 家庭种植芦荟有什么好处? ………………… 95
22. 家庭如何自制生根剂? ……………………… 95
23. 如何在家制作简单的氮、磷、钾肥? ……… 97
24. 发财树怎么养? ……………………………… 97
25. 绿萝养植中需注意什么问题? ……………… 98
26. 家庭养花一定要用土吗? …………………… 99
27. 养过花的泥土需要消毒后再使用吗? ……… 99
28. 家庭如何自制简单防治花卉病虫害药剂? …… 100
29. 家庭养花如何避免花卉之间"相杀"? ……… 101

30. 家庭种植薄荷有哪些好处？ ………………………… 102

第七篇　家畜篇

1. 如何分辨注水牛肉？ …………………………………… 105
2. 为何牛肉可以吃七八分熟，但猪肉不可以？ ……… 105
3. 如何分辨用猪肉加牛肉膏做成的"假牛肉"？ …… 105
4. 为何经常健身的人需要多吃牛肉？ ………………… 106
5. 常吃"瘦肉精"喂食的猪肉有何危害？ …………… 106
6. 黑山羊肉真的比白山羊肉更好吃、更营养吗？ …… 107
7. 为何冬季适合吃羊肉？ ……………………………… 107
8. 吃猪油会增加心脑血管疾病风险吗？ ……………… 107
9. 狗真的是先毒死，再宰杀的吗？ …………………… 108
10. 吃猪血真的能清肺吗？ ……………………………… 108
11. 如何识别母猪肉？ …………………………………… 108
12. 母猪肉可以在市场上销售吗？ ……………………… 109
13. 猪肉皮上的检疫章色素可以食用吗？ ……………… 109
14. 吃动物的脑子真的能使人变聪明吗？ ……………… 109
15. 吃猪皮真的能补充胶原蛋白吗？ …………………… 110
16. 土猪肉比洋猪肉更有营养吗？ ……………………… 110
17. 骨头汤真的能补钙吗？ ……………………………… 110
18. 吃猪肝对眼睛好吗？ ………………………………… 111
19. 合成牛排和原切牛排有什么区别？ ………………… 111
20. 猪肉为什么有股膻味？ ……………………………… 112
21. 牛肉为什么是发物？ ………………………………… 112
22. 为什么羊肉有膻味？ ………………………………… 112
23. 牛奶、羊奶哪个营养更好？ ………………………… 113

24. 猪骨头汤和牛骨头汤哪个更有营养？ …………… 113
25. 肥肉的厚薄能决定猪肉的品质吗？ …………… 113

第八篇　家禽篇

1. 真的有人造鸡蛋吗？ …………………………… 117
2. 鹌鹑蛋跟鸡蛋哪个更营养？ …………………… 117
3. 如何分辨土鸡（鸭）与洋鸡（鸭）？ ………… 117
4. 绿壳蛋比普通蛋更营养吗？ …………………… 118
5. 受精蛋跟未受精蛋哪个更营养？ ……………… 118
6. 毛蛋真的比普通蛋更营养吗？ ………………… 118
7. 鹅蛋真的能去除胎毒吗？ ……………………… 118
8. 鹅肝是病变的肝吗？ …………………………… 119
9. 水煮蛋、煎蛋、蒸蛋和生蛋哪种吃法最营养？ … 119
10. 每天最多吃两个鸡蛋的说法正确吗？ ………… 119
11. 禽流感和H7N9是什么关系？ ………………… 120
12. 烤鸭的种类有哪些？ …………………………… 120
13. 怎么挑选咸鸭蛋？ ……………………………… 121
14. 吃松花皮蛋会中毒吗？ ………………………… 121
15. 西方的火鸡是什么？ …………………………… 121
16. 鸡头真的有毒吗？ ……………………………… 122
17. 鸡屁股真的有毒吗？ …………………………… 122
18. 双黄蛋是否比单黄蛋的营养价值更高？ ……… 122
19. 鸡翅中真的有激素累积吗？ …………………… 123
20. 鸭子是不是越老越营养？ ……………………… 123
21. 鸽子蛋是不是更有营养？ ……………………… 123
22. 鸡炖得越久越有营养吗？ ……………………… 124

23. 阉鸡怎么区别是药物阉割还是手术阉割的? ……… 124
24. 鸡皮越黄越好吗? ……………………………………… 125
25. 为何说多吃白肉(鸡、鸭、鱼)比红肉
    (猪、牛、羊)好? …………………………………… 125
26. 发烧了能吃鸡蛋吗? …………………………………… 125
27. 世界上最大的蛋是什么蛋?最小的蛋是什么蛋? … 125

第九篇 水产篇

1. 黄鳝真的是用避孕药喂大的吗? ……………………… 129
2. 如何快速分辨野生鱼与人工养殖鱼? ………………… 129
3. 什么人不能多吃海鲜? ………………………………… 129
4. 小龙虾真的那么"脏"吗? …………………………… 130
5. 小龙虾是吃什么长大的? ……………………………… 130
6. 乌龟跟甲鱼(鳖)哪个更营养? ……………………… 130
7. 为何吃鲤鱼要"抽筋"? ……………………………… 131
8. 鱼腹内的"黑膜"有毒吗? …………………………… 131
9. 为何痛风的人不能多吃鱼、虾? ……………………… 132
10. 为何螃蟹一旦死亡就不能食用了? ………………… 132
11. 螃蟹哪些部位不能吃? ……………………………… 132
12. 贝壳类怎么去沙? …………………………………… 133
13. 海鱼和淡水鱼有何区别? …………………………… 133
14. 海鲜可以与水果同时吃吗? ………………………… 133
15. 银鱼是什么? ………………………………………… 134
16. 吃河豚为什么容易中毒? …………………………… 134
17. 为什么吃海鲜不能喝啤酒? ………………………… 134
18. 如何识别海产品是否新鲜? ………………………… 134

19. 海鲜如何去除腥味？ ………………………………… 135
20. 如何区别真假紫菜？ ………………………………… 135
21. 河鱼的重金属超标吗？ ……………………………… 136
22. 孔雀石绿是净化水质的吗？ ………………………… 136
23. 鱼鳃能吃吗？ ………………………………………… 136
24. 长期吃海鲜喝浓茶会得结石吗？ …………………… 137
25. 紫菜、海苔到底有什么区别？ ……………………… 137

第一篇

"两品一标"科普篇

1. 什么是认证？我国与农产品相关的认证有哪些？

《中华人民共和国认证认可条例》规定，认证是指由认证机构证明产品、服务、管理体系符合相关技术规范的强制性要求或者标准的合格评定活动。当前，我国农产品质量安全认证主要有无公害农产品、绿色食品和有机食品3种基本类型。另外，从事食品生产、加工服务的企业需要进行的认证有生产许可认证（QS认证）、环境标志认证（绿十环认证）、ISO 9001国际标准质量管理体系认证、ISO 14001国际标准环境管理体系认证、HACCP食品卫生与安全管理体系认证、MUI清真认证等。

2. 与农产品出口相关的认证有哪些？

由于各国对农产品生产、加工的技术规范不同，农产品要进入国际市场销售，一般需要按照进入国家的生产技术规范进行认证。当前，国际上有关农产品的认证主要有以下几类。

（1）产品出口亚洲的企业，做日本JAS有机产品认证即可，因为日本的食品管理制度在亚洲甚至在世界上都是严格得出名的，所以JAS证书在亚洲可通行。

（2）产品出口美洲的企业，做美国FDA、ACC或有机产品NOP认证，NOP证书在拉美国家通行。

（3）产品出口欧洲的企业，做欧盟EC有机产品认证。

（4）有的国家的客户需要企业做GAP良好农业规范认证。

3. 什么是"两品一标"？和"三品一标"有何区别？

"两品一标"指的是绿色食品、有机产品和农产品地理标志，相对于传统的"三品一标"，缺少了无公害农产品。2017年，中央办公厅、国务院办公厅印发《关于创新体制机制推进农业绿色发展的意见》，提出改革无公害农产品认证制度，为贯彻落实文件要求和国务院"放管服"改革精神，农业农村部决定改革现行无公害农产品认证制度并积极推进相关工作。因此，2019年《中华人民共和国农产品质量安全法》的修订草案删除原法第三十二条中关于无公害农产品标志的有关表述。

4. 什么是食用农产品合格证制度？

食用农产品合格证制度是农产品种植养殖生产者在自我管理、自控自检的基础上，自我承诺农产品安全合格上市的一种新型农产品质量安全治理制度。农产品种植养殖生产者在交易时主动出具合格证，实现农产品合格上市、带证销售。通过合格证制度，可以把生产主体管理、种养过程管控、农药兽药残留自检、产品带证上市、问题产品溯源等措施集成起来，强化生产者主体责任，提升农产品质量安全治理能力，更加有效的保障质量安全。

5. 什么是绿色食品？绿色认证农产品有何特点？

绿色食品是指产品质量安全标准整体达到发达国家先进水平，市场定位于国内大中城市和国际市场，满足更高层次的消费；产品以初级农产品为基础、加工农产品为主体；推行"两端监测、过程控制、质量认证、标志管理"的技术制度；采取质量认证与证明商标管理相结合的方式；绿色食品认证以保护农业生态环境、增进消费者健康为基本理念，不以营利为目的，收取一定费用保障事业发展，采取政府推动与市场拉动相结合的发展机制。绿色食品认证依据的是农业农村部绿色食品行业标准。绿色食品分为A级和AA级。绿色食品（A级）在生产过程中允许限量使用农药和化肥，但对用量和残留量的规定通常比无公害标准要严格。绿色食品（AA级）在生产过程中不允许使用任何有害化学物质。

6. 什么是有机产品、有机食品？有机认证农产品有何特点？

这里的"有机"是指一种产品生产、加工方式，而非"有机化学"。根据我国《有机产品》国家标准（GB/T 19630—2011）的规定，有机产品是指生产、加工、销售过程符合该标准的供人类消费、动物食用的产品。目前我国的有机产品主要包括粮食、蔬菜、水果、奶制品、畜禽产品、水产品及调料等。有机食品是有机产品的一类，有机产品还包括棉、麻、竹、服装、化妆品、饲料（有机标准包括动物饲料）等"非食品"。有机食品认证农产品主要有以下几个特点：按照有机农业方式生产，对产品质量安全不做特殊要求，满足特定消费，主要服务于出口贸易等高端市场；产品以初级和初加工农产品为主；强调常规农业向有机农业转换，推行基本不用化学投入品的技术制度，保护生态环境和生物多样性，维护人与自然的和谐关系；注重生产过程监控，一般不做环境监测和产品检测，一年一认证；按照国际惯例，采取市场化运作。

我国《有机产品》国家标准规定，有机产品生产过程中不得使用化学合成的农药、化肥、生长调节剂、饲料添加剂，以及基因工程生物及其产物。根据我国《有机产品认证管理办法》的规定，未获得有机产品认证的产品，不得在产品或者产品包装及标签上标注"有机产品""有机转换产品"（"ORGANIC" "CONVERSION TO ORGANIC"）等其他误导公众的文字表述。

7. 有机农业就是传统农业吗？

有机农业是当今人们在对自然新的认识和理解的基础上所形成的一种新型的农业生产方式。有机农业虽然不允许使用现代常规农业中使用的化学合成农药、肥料、生长调节剂和饲料添加剂、转基因技术等，但绝不是退回到刀耕火种的生产方式。有机农业仅排斥对生态系统和自然环境有不良影响的生产技术和物质，现代农业中设施栽培，微、滴灌技术，有害生物综合治理技术等仍提倡使用，以达到在保障食品安全和保护环境的同时还能提高产品品质与产量的目的。

8. 有机产品为什么价格很高？

目前，我国有机生产、加工及运输、销售产业链发展还不十分成熟，有机产品在生产、劳动力投入、质量管理等过程中的成本较高，有机产品较常规生产产品产出较低，且常规农场要转变为有机农场需要有2~3年的转换期，因此有机产品的售价一般都比普通产品价高。而常规生产的产品价格并没有完全考虑生产过程中使用的化肥与农药对人类健康造成的危害以及对环境污染的成本。

有机产品在生产过程中不使用化学合成的农药，产品中没有化学农药的残留，对人类健康有利，对我们生存的环境有利；有机农业提倡保持产品的天然成分，可保持食物的原有味道，有机肥料代替化肥使瓜果蔬菜变得有滋有味；有机产品的生产过程要求可追踪、可追溯，有机产品是一种可以信赖的产品；另外，有机产品在生产过程中可以减少碳的排放。

9. 有机产品认证的流程是什么？

想要获得有机产品认证，需要由有机产品生产或加工企业或者其认证委托人向具备资质的有机产品认证机构提出申请，按规定将申请认证的文件，包括有机生产加工基本情况、质量手册、操作规程和操作记录等提交给认证机构进行文件审核；评审合格后认证机构委派有机产品认证检查员进行生产基地（养殖场）或加工现场检查与审核，并形成检查报告；认证机构根据检查报告和相关的支持性审核文件作出认证决定、颁发认证证书等过程。获得认证后，认证机构还应进行后续的跟踪管理和市场抽查，以保证生产或加工企业持续符合《有机产品》国家标准和《有机产品认证实施规则》的规定要求。进行现场检查的有机产品认证检查员应当经过培训、考试、面试并在中国认证认可协会（CCAA）注册。

10. 有机产品如何保证真实、有效和可追溯？

为保证有机产品的完整性，有机产品生产、加工者应建立完善的追踪系统，保存能追溯实际生产全过程的详细记录（如地块图、农事活动记录、收获记录、加工记录、仓储记录、出入库记录、运输记录、销售记录等）以及可追踪的生产批号系统。

获得有机产品认证的生产、加工单位或者个人，从事有机产品销售的单位或者个人，应当在生产、加工、包装、运输、贮藏和经营过程中，按照《有机产品》国家标准和《有机产品认证管理办法》的规定，建立完善的跟踪检查体系和生产、加工、销售记录档案。

11. 什么是产品地理标志？

产品地理标志，是标示某产品来源于某一特定地域，该产品所具有的质量、声誉或其他特性本质上取决于该产地的自然生态环境和历史人文因素，并以地域名称冠名的特有农产品标志，其包括3方面的内涵。

（1）产品地理标志是一种标示产品地理来源的标志，它最基本、最常见的构成要素（成分）就是地名。例如，在一些香梨、榨菜、大葱和茶叶等产品的组合商标中，就使用了库尔勒、涪陵、章丘和洞庭山等具有地理象征意义的地名。产品地理标志的主体可以是产品或服务，标明的地理区域可以是名称或指称，也可以是因长期使用而形成的其他文字、短语或符号，且无须与行政区划或村落的现有正式名称相一致。

（2）以地理标志标示的产品，往往在品质、信誉或者其他特征方面具有与众不同的特点。例如，"洞庭山碧螺春"的特点是条索纤细，卷曲成螺，茸毫密披，银绿隐翠，清香文雅，滋味鲜醇，叶底柔嫩，素有一嫩三鲜（色鲜、香鲜、味鲜）之称；而"西湖龙井"的特点是色泽翠绿，扁平光滑，形似"碗钉"，汤色碧绿明亮，清香，滋味甘醇。

（3）所标示产品的特定品质、信誉或者其他特征，由其产地的自然因素或人文因素所决定。自然因素主要包括水质、土壤、地势、气候等，同样的品种离开了特定的地理气候环境，其品质特征往往迥然不同。有些产品的品质或者其他特征，主要由自然因素决定，如大米、瓜果等；有些产品的品质或者其他特征主要由人文因素决定，如织品、绣品、剪纸、风筝、年画等；有些产品的品质或其他特征则是自然因素和人文因素双重作用的结果，如茶叶、瓷器等。

12. 为什么要保护产品地理标志？

对产品地理标志的保护，有利于保护自然资源和人文资源，保护生产者和经营者生产特色产品的积极性，满足人们越来越高的物质需求。在我国，加强对产品地理标志的保护还有着特别重要的现实意义。我国农产品的主要生产者是农民，保护产品地理标志就是保护农民的利益，不仅有利于帮助农民增收，还能促进农业产业化、规模化发展，提高我国农产品在国际市场上的竞争力。

13. 什么产品能申请地理标志？

申请地理标志的产品一般分为两大类：一类是来自本地区的种植、养殖产品，如章丘大葱、阳澄湖大闸蟹等；另一类是原材料全部或部分来自本地区，在本地区按照特定工艺生产、加工的产品，如金华火腿、龙口粉丝等。在我国，可申请地理标志的产品涉及农产品、食品、中药材、手工艺品、工业品等多种产品，目前已注册的地理标志产品以农副产品为主，如水果、大米、蔬菜、家禽、花卉、酒类等，也有农副产品以外的商品申请了地理标志，如陕西的紫阳天然蓝黑板石、江苏的东海水晶、青海昆仑玉等。

14. 可以申请产品地理标志的主体有哪些？

根据我国质检总局颁布的《地理标志产品保护规定》（2005年7月1日起开始实施），地理标志申请的主体，是当地县级以上人民政府指定的地理标志产品保护申请机构或人民政府认定的协会和企业。根据我国农业部颁布的《农产品地理标志管理办法》（2007年12月颁布），农产品地理标志登记申请人为县级以上地方人民政府根据具体条件择优确定的农民专业合作经济组织、行业协会等组织，申请人需满足以下3个条件：具有监督和管理农产品地理标志及其产品的能力；具有为地理标志农产品生产、加工、营销提供指导服务的能力；具有独立承担民事责任的能力。农产品地理标志是集体公权的体现，企业和个人不能作为农产品地理标志登记的申请人。

15. 可以向哪些部门申请产品地理标志？

目前，我国可以接受产品地理标志申请的部门主要有3个：国家工商总局、国家质检总局和农业农村部。申请者可以向以上3个单位的任意一家提出产品地理标志申请，3部门的认证结果具有相同的效力。《农产品地理标志管理办法》还规定，县级以上人民政府农业行政主管部门应当将农产品地理标志管理经费编入本部门年度预算。农产品地理标志登记管理是一项服务广大农产品生产者的公益行为，主要依托政府推动，登记不收取费用。申请人只需按照各部门流程规定，准备好充分的申请材料，均可顺利进行地理标志申请，无须多部门重复申请。

16. 申请产品地理标志需经哪些主要程序？

申请产品地理标志，主要有两个程序：第一个为产品申报审批程序；第二个为产品专用地理标志使用的申请、审核和注册程序，以向国家质检总局申请为例介绍产品审批程序。

（1）产品申报审批程序。

①地理标志产品申报。第一，申请地理标志产品保护，应由当地县级以上人民政府指定的地理标志产品保护申请机构或人民政府认定的协会提出；第二，由提出单位组织专家考查，论证该地理标志产品的产地范围，并由当地政府（县级以上）提出产地范围的建议（由政府正式行文）；第三，撰写该地理标志产品保护申请书，产品质量特色与产地的自然因素和人文因素之间关系的说明，产品标准以及生产、销售和历史渊源等方面的资料。

②受理。将上述地理标志产品保护申请及相关资料呈报国家质检总局进行形式审查，经审查合格的产品发布受理公告，公示期为2个月。③技术审查。对公告期满无异议的产品，由国家质检总局主持召开专家技术审查会。会上，申请人要就其所申请的地理标志产品做陈述报告，并就专家提出的问题进行答辩，专家审查组作出审查结论。④批准。国家质检总局对审查合格的产品发布批准公告。自发布日起，所申报的地理标志产品将得到国家的保护。

（2）专用地理标志使用的申请、审核和注册程序。

①在地理标志产品的生产区域内，如生产者想使用该产品专用地理标志，应向当地质量技术监督局提出申请，并提交以下相关资料：专用地理标志使用申请书；当地政府主管部门出具的地理标志产品产自特定地域的证明；有关地理标志产品质检机构出具的检验报告。②经省级质监部门审核。③报国家质检总局审查合格和注册登记后，由其发布公告，生产者从此可在其生产的产品上使用地理标志产品专用标志，并获得地理标志产品的法律保护。

17. 产品地理标志是否有有效期？

产品地理标志都有有效期，但国家各部门对有效期的规定各不相同，使用者可根据自身情况，了解所申请部门对产品地理标志的规定。

（1）根据国家质检总局规定，获准使用地理标志产品专用标志资格的生产者，未按相应标准和管理规范组织生产的，或者在2年内未在受保护的地理标志产品上使用专用标志的，国家质检总局将停止其使用地理标志产品专用标志，注销注册登记，并对外公告。

（2）根据国家工商总局的规定，集体商标、证明商标注册的申请日期，以商标局收到申请书的日期为准，自核准注册之日起，有效期为10年。10年期满后，若继续使用，须办理续展注册。《商标法》第38条规定，注册商标有效期满，需要继续使用的，应当在期满前6个月内申请续展注册，在此期间未能提出申请的，可以给予6个月的宽展期。宽展期满仍未提出申请的，注销其注册商标。每次续展注册的有效期为10年。续展注册经核准后，予以公告。

（3）根据农业农村部的规定，农产品地理标志登记证书长期有效。有下列情形之一的，登记证书持有人应当按照规定程序提出变更申请：登记证书持有人或者法定代表人发生变化的；地域范围或者相应自然生态环境发生变化的。

18. 国家对产品地理标志如何监督管理？

县级以上人民政府相关主管部门应当加强产品地理标志证书的监督管理工作，定期对产品地理标志的使用等情况进行监督检查。对伪造、冒用农产品地理标志和登记证书的，要按照《中华人民共和国农产品质量安全法》等有关法律法规予以处罚，并对外公告。如产品地理标志持有人不符合相关规定的，应由注册部门注销其地理标志登记。

19. 什么是HACCP认证？

HACCP（Hazard Analysis and Critical Control Point，危害分析与关键控制点）计划，是目前世界上最有权威的食品安全质量保护体系——HACCP体系的核心，用来保护食品在整个生产过程中免受可能发生的生物、化学、物理因素的危害。其宗旨是将可能发生的食品安全危害消除在生产过程中，而不是靠事后检验来保证产品的可靠性。

HACCP体系是一种建立在良好操作规范（GMP）和卫生标准操作规程（SSOP）基础之上的控制危害的预防体系，它的主要控制目标是保证食品的安全性，因此它与其他的质量管理体系相比，可以将主要精力放在影响产品安全的关键加工点上，而不是于每一个步骤都耗费很多精力，这样在预防方面显得更为有效。

目前越来越多的国家的法规以及消费者要求将HACCP管理体系的要求作为市场准入的要求。在我国，2002年3月22日国家质量监督检验检疫总局发布了《出口食品生产企业卫生注册登记管理规定》，该法规性文件明确规定，列入《卫生注册需评审HACCP体系的产品目录》的出口食品生产企业必须按食品法典委员会《HACCP体系及其应用准则》的要求建立HACCP管理体系。同时，国家认证认可监督管理委员会发布了《食品生产企业危害分析与关键控制点（HACCP）管理体系认证管理规定》，该规定指出，国家鼓励从事生产、加工出口食品的企业建立并实施HACCP管理体系。因此，在食品生产、加工和流通领域推行HACCP管理体系已势在必行。当前，《卫生注册需评审HACCP体系的产品目录》主要有罐头类，水产品类（活品、冰鲜、晾晒、腌制品除外），肉及肉制品、速冻蔬菜、果蔬汁、含肉或水产品的速冻方便食品。

20. 什么是GAP认证？

GAP认证起源于欧洲，又被称作良好农业规范认证。1997年，欧洲零售商协会农产品工作组（EUREP）在零售商的倡导下提出了良好农业规范（GAP）概念，即EUREPGAP。EUREPGAP作为一种评价用的标准体系，目前涉及水果蔬菜、观赏植物、水产养殖、咖啡生产和综合农场保证体系（IFA）。EUREPGAP作为大型超市采购农产品的评价标准，不仅在欧洲零售商业内受到青睐，而且受到越来越多的政府部门的重视。为此，在2004年，国家认证认可监督管理委员会（CNCA）加快启动了"中国良好农业规范（China GAP）"认证项目的研究工作。2005年11月China GAP认证系列标准通过审定并公布。2006年1月CNCA公布了《良好农业规范认证实施规则（试行）》。

21. 什么是GAP认证机构？

2009年，中国国家认证认可监督管理委员会与全球良好农业规范（Global GAP）签署了《中华人民共和国国家认证认可监督管理委员会和Global GAP关于良好农业规范认证体系基准比较的谅解备忘录》；2009年7月30日，FoodPLUS将中国合格评定国家认可委员会（CNAS）列入其承认认可结果的机构名单，标志着CNAS的认可结果得到了Global GAP的直接承认。这意味着经中国国家认证认可监督管理委员会批准且获得CNAS认可的中国良好农业规范（China GAP）认证机构可以根据相关要求向Global GAP申请使用Global GAP的认证标志，其认证结果得到Global GAP的承认。获证企业信息将通过Global GAP网站向全球主要零售商发布，从而获得广阔的国际市场空间。

由于Global GAP标准不断更新，CNAS需要积极参加国际交流与合作，持续跟踪并研究相关要求的变化，不断改进和完善中国农业规范认证机构认可制度，以保持Global GAP对CNAS良好农业规范认证机构认可结果的承认。

第二篇

主粮篇

1. 你了解彩色大米吗？

传统大米都是晶莹剔透的白色，而近年来，市面上出现了一种彩色大米，这些红、紫、黑、绿、黄等颜色各异的新米，已受到不少超市的青睐。同时也面临了许多疑问，比如彩色大米是不是染色的，是不是转基因的，是不是不能食用的。其实，彩色大米是科学家们利用杂交和反复回交以及花药培养等技术手段结合水稻冬季海南异地加代等方法选育出来的，它们不是转基因水稻。这些彩色水稻大部分不仅视觉好看，还较常规水稻高产且营养丰富。

2. 紫色的马铃薯是转基因的吗？

紫色马铃薯不是转基因食品。之所以果皮和果肉皆为黑紫色，是因为紫色马铃薯含有丰富的花青素而导致的。花青素拥有强大的抗氧化功能，除了对致癌物质有抑制作用之外，还能够增强机体的免疫力、延缓衰老、增强体质、增强视力等。

3. 农业农村部公布的转基因的作物有哪些？

截至目前，我国批准了转基因生产应用安全证书并在有效期内的作物有棉花、水稻、玉米和番木瓜。棉花和番木瓜已经进行商业化种植，而转基因水稻和转基因玉米尚未完成种子法规定的审批，没有商业化种植。中国批准进口用作加工原料的转基因作物有大豆、玉米、油菜、棉花和甜菜，这些食品必须获得中国的安全证书。

4. 什么是爆裂玉米？为什么爆裂玉米不经过高压力就可以膨裂？

爆裂玉米是一种用于爆制玉米花的玉米类型。果穗和籽粒均较普通玉米小、结构紧实，坚硬透明，遇高温有较大的膨爆性。籽粒多为黄色或白色，也有红色、蓝色、棕色，甚至花斑色的。

爆裂玉米籽粒几乎全为角质淀粉，淀粉粒间致密，很少有空隙，籽粒具有比较高的容重，加热后自身内部能产生较高的压强。当籽粒内结合水汽化时，淀粉粒间的水蒸气运动使压强不断增加，直至气压达到可以胀破淀粉粒间的胶合力及种皮的限制力时，就可以爆裂成为玉米花。能爆裂成大于原体积几十倍的爆米花。膨爆之后均裸露出乳白色的絮状物、呈蘑菇状或蝴蝶状。而普通的马齿型玉米、硬粒型玉米因含有粉质淀粉，籽粒内空隙过大，在常压下加热，水蒸气在淀粉粒间的空隙内运动，难以在籽粒内形成足够的压强。

5. 淀粉的种类你知道多少？

淀粉是由多个葡萄糖分子缩合而成的多糖聚合物。烹调用的淀粉，主要有绿豆淀粉、木薯淀粉、甘薯淀粉、红薯淀粉、马铃薯淀粉、麦类淀粉、菱角淀粉、藕淀粉、玉米淀粉等。

淀粉分为支链淀粉和直链淀粉两种，自然淀粉中直链、支链淀粉含量一般为15%～28%、72%～85%，视植物种类、品种、生长时期的不同而异。

6. 窝窝头是用什么做的？

窝窝头一般是玉米面做的，黄色的，它的样子和名字是一样的，圆锥形锥底部有一个向里面凹进去的口，故得名窝窝头。现在市面上有一种五谷稻坊窝窝头，不仅仅只是玉米窝窝头了，还有黑米窝窝头、高粱窝窝头、红薯窝窝头、绿豆窝窝头、糯米窝窝头等，基本上都是采用五谷杂粮为基本料材，经特殊配方加工而成。如今的窝窝头已经是一种绿色、美味、营养、健康的美食了，因粗粮对身体健康很有好处，因此广受现在消费者的喜爱。

7. 红米饭是染红的吗？

红米（又称"高山红"）是井冈山的特产，是一种红色的糙米。红米稻没有早稻，只有中稻和晚稻，所以亩产不高。井冈山的稻田多为山泉水灌溉，生长期较长，米质较好，营养价格极高。在旧社会，由于加工条件比较落后，加工后的红米比较干硬，很难下咽，所以被富人视作次等粮，只有贫苦的农民食用。红军在井冈山斗争期间就是吃的这种红米。红米饭、南瓜粥体现的是我们红军艰苦奋斗的精神，是井冈山的优良传统。

8. 竹米是什么？

竹米是竹子的种子，因竹子开花结实是较为罕见的现象，故竹米不易得到，所以被抹上一层神秘色彩，传说中竹米是凤凰之食，古代有凤凰"非梧桐不栖，非竹实不食"之说。竹米的颜色呈天然竹子的绿色，有独特的香味，清爽细腻，老少皆宜。经常食用可以平衡营养，清火去热、清理肠胃，健胃润肺，养血益气，并对疲劳综合征、肠胃不适、肥胖、便秘、妇女经前综合征等有很好的舒缓作用和膳食疗效。

9. 红薯和地瓜是一个东西吗？

在北方红薯和地瓜都是指的红薯。红薯是甘薯、番薯，旋花科一年生植物。食用部分为块根，外皮土黄色或紫红色，是一种长寿保健食品。红薯含有大量不易被消化酵素破坏的纤维素和果胶，能刺激消化液分泌及肠胃蠕动，从而起到通便作用。另外，它含量丰富的β-胡萝卜素是一种有效的抗氧化剂，有助于清除体内的自由基。红薯中还有一种叫"去氧表雄酮"的生理活性物质，可以预防结肠癌和乳腺癌，对脑细胞和内分泌腺素的活力有很大的促进作用，故能延缓智力衰退和增加人体的抵抗力。红薯嫩叶也是很好的保健食品，经常食用可以预防便秘，防治夜盲症等。

在南方，地瓜实际上是指的凉薯，也叫豆薯，是一种豆科植物，食用的部分也是块根。肥美的块根，富含糖类、蛋白质，其肉质洁白、嫩脆、香甜多汁，可生食、熟食，并能加工制成沙葛粉，有清凉去热功效。老熟块根中淀粉含量较高，可提制淀粉。种子和茎叶中含有鱼藤酮，对人、畜有剧毒，避免食用，可用以制杀虫药剂。

10. 菜籽油颜色浅和颜色深的哪种更健康？

菜籽油就是我们俗称的菜油，又叫油菜籽油、香菜油，是用油菜籽榨出来的一种食用油。菜籽油色泽金黄或棕黄，有一定的刺激气味，民间也叫做"青气味"。这种气味是其中含有一定量的芥子苷所致，但特优品种的油菜籽则不含这种物质。优质的菜籽油一般呈深黄色或棕色。从营养价值方面看，人体对菜籽油的吸收率很高，可达99%，菜籽油还不含胆固醇，所以对肝不好的人和脂肪代谢比较困难的肥胖病人是比较适宜的。由于榨油的原料是植物的种子，一般会含有一定的种子磷脂，对血管、神经、大脑的发育十分重要。需要注意的是，菜籽油中含有芥酸和芥子苷等物质，长期单一食用对人体的生长发育不利。如能与其他食用油配合食用，更营养保健一些。

11. 怎样分辨甜玉米和糯玉米？

甜玉米是菜用玉米的一种，由于甜玉米中可溶性糖向淀粉的转化比较慢，所以甜玉米的胚乳中积累了较多的可溶性糖和水分，因此吃起来比普通玉米更甜。其赖氨酸含量也是普通玉米的2倍多，蛋白质、脂肪和其他氨基酸均高于普通玉米，同时还含有多种维生素、矿质元素以及亚油酸和营养纤维，有很好的医疗保健作用。除了鲜食还可用于罐头加工、速冻加工等。

糯玉米是由普通玉米发生突变再经人工选育而成的新类型，其籽粒胚乳淀粉为100%的支链淀粉，煮熟后黏软而富有糯性，俗称黏玉米。由于糯玉米籽粒中淀粉完全由支链淀粉构成，并且由糯性控制，使其在食用品质和工业生产中具有特殊的用途。它含有丰富的蛋白质和维生素，具有抗衰老的功效，是理想的保健食品。煮熟后的糯玉米比普通玉米硬，吃起来比较有韧劲。

12. 怎样吃红薯更健康？

食用凉的红薯易致胃腹不适。红薯在胃中产生酸，所以胃溃疡及胃酸过多的患者不宜食用。烂红薯（带有黑斑的红薯）可使人中毒，不可食用。红薯等根茎类蔬菜含有大量淀粉，可以加工成粉条食用，但制作过程中往往会加入明矾。若过多食用会导致铝在体内蓄积，不利健康。红薯含有"气化酶"，一次不要吃得过多，而且和米面搭配着吃，并配以咸菜或喝点菜汤即可避免烧心、吐酸水、肚胀排气等现象。

13. 水果玉米是可以直接吃的吗？

水果玉米是适合生吃的一种超甜玉米，与一般的玉米相比，它的主要特点是青棒阶段皮薄、汁多、质脆而甜，可直接生吃，薄薄的表皮一咬就破，清香的汁液溢满齿颊，生吃熟吃都特别甜、特别脆，像水果一样，因此被称为"水果玉米"。水果玉米富含维生素A、维生素B_1、维生素B_2、维生素C、矿物质及游离氨基酸等，易于人体消化吸收，是一种新兴休闲保健营养食品。总糖量达33.6%，含糖量高达20%，是一般水果的1倍左右，比西瓜也要高出30%。

14. 五谷都是稻谷吗？

平常俗称的"五谷"所指的五种谷物。"五谷"，古代有多种不同说法，最主要的有两种：一种指稻、黍、稷、麦、菽；另一种指麻、黍、稷、麦、菽。两者的区别是：前者有稻无麻，后者有麻无稻。古代经济文化中心在黄河流域，稻的主要产地在南方，而北方种稻有限，所以"五谷"中最初无稻。

15. 黑米、小米和糯米哪种米更营养？

黑米最补肾，黑米营养丰富，含有蛋白质、脂肪、B族维生素、钙、磷、铁、锌等物质，营养价值高于普通稻米。它能明显提高人体血色素和血红蛋白的含量，有利于心血管系统的保健，有利于儿童骨骼和大脑的发育，并可促进产妇、病后体虚者的康复，所以它是一种理想的营养保健食品。由于黑米不易煮烂，应先浸泡一夜再煮。消化功能较弱的幼儿和老弱病人不宜于食用。

小米最养胃，小米又称粱米、粟米、粟谷。其富含蛋白质、脂肪、糖类、维生素B_2、烟酸和钙、磷、铁等营养成分。由于小米非常易被人体消化吸收，故被营养专家称为"保健米"。小米具有健脾和中、益肾气、清虚热、利小便、治烦渴的功效，是治疗脾胃虚弱、体虚、精血受损、产后虚损、食欲不振的营养康复良品。由于小米性稍偏凉，气滞者和体质偏虚寒、小便清长者不宜过多食用。

糯米最排毒，糯米又叫江米，因其香糯黏滑，常被用以制成风味小吃，深受大家喜爱。糯米中含有蛋白质、脂肪、糖类、钙、磷、铁、维生素B_2、多量淀粉等营养成分。糯米有补中益气、养胃健脾、固表止汗、止泻、安胎、解毒疗疮等功效，可用于虚寒性胃痛、胃及十二指肠溃疡、消渴多尿、气虚自汗、痘疹痈疖等病。但是，糯米不好消化，不宜食之过量，老人、小孩、脾胃虚弱者尤应注意。

16. 什么是杂交稻？

水稻一般都是自花授粉的作物，而杂交水稻是指的通过父母本杂交育种得到的优质水稻品种，利用两种遗传特性不同的品种作为父母本进行杂交，得到的杂种第一代，往往比父母本有更强的生长势、适应性、抗逆性和生产力，这叫做杂种优势。目前我国杂交水稻主要有两种，两系杂交稻和三系杂交稻。

两系杂交稻，是用一种特殊的水稻材料做母本，叫做光敏不育系，其雌蕊是可育的，但是雄蕊的育性会随着日照长短和温度高低的变化而变化。在长日照高温条件下（夏季），它表现为雄性不育；在短日照平温条件下（秋天），雄蕊育性恢复，表现自花结实。利用这一特性，可以利用夏季来与具有优势的其他水稻品种进行杂交育种，得到的杂交种子如果具有杂种优势的话就可以应用于生产，而在秋季则进行自花授粉生产光敏不育性种子。

生产三系杂交稻需要3个材料。①雄性不育系，花粉退化，但是雌蕊可以正常授粉受精，这个材料可以用来作为杂交稻生产的母本。②保持系，雄蕊和雌蕊正常，但是花粉给雄性不育系授粉后，产生的后代保持了雄性不育系的特点，即他们的后代可以作为下一代杂交水稻的母本。③恢复系，雄蕊和雌蕊正常，但是花粉给雄性不育系授粉后，产生的后代没有保持雄性不育系的特点，能自交结实，产生的杂交种子如果有产量和抗性方面优势的话，就可用于生产。

17. 什么是常规稻？

常规水稻是指可以留种且后代性状不分离的水稻品种。主要通过若干代自交达到基因纯合，个体遗传型相同，从外观上看保持本品种的特征特性不变，产量也一致的品种。常规稻不需要年年换种，但是需要进行提纯复壮。我们平常喜欢吃的五常大米就是常规稻。

18. 什么是再生稻？

再生稻是水稻种植的一种模式，在中国有着悠久的种植历史，可以追溯到1 700年前。其特点是在一季稻成熟之后，大约只割下稻株的上2/3的部位，收取稻穗，留下下面的1/3植株和根系，施肥和培育，让其再长出一季稻子。两季总计通常比其一季稻的产量要增加50%。对粮食增产有重要意义。适合种植再生稻的地区主要是那些阳光和热度不够种植两季稻，但是种植一季稻又有多的地区。由于在原有的根系上再次生长，相当于省去了两季稻种植地区从收割完第一季稻到第二季稻生长中期的这段时间（因此它叫再生稻，而不是两季水稻）。这样这些一季有多的地区就可以种再生稻。

19. 长米粒和圆米粒有什么不一样？

长粒米又叫籼米，从外观看，籼米米粒一般呈长椭圆形或细长形，常见的有泰国香米、中国香米等，常种植在低纬度、低海拔、湿热地区，在我国多见于南方地区。而圆粒米又叫粳米，其谷粒短而阔，呈椭圆形或卵圆形，常见的有水晶米、东北大米、珍珠米等，适合种植在高纬度或低纬度的高海拔地区，在我国北方常见。

从营养成分来看，二者蛋白质、脂肪、碳水化合物、膳食纤维、维生素B_1、镁、铁、锌等营养成分含量相差不大，但维生素B_2、维生素E、钙等含量粳米明显高于籼米，而尼克酸、硒含量则籼米较高。尼克酸有改善记忆等作用，硒和维生素E能抗氧化，抵抗衰老。

籼米黏性较差，煮熟之后米粒颗颗松散，适合用来制作炒饭。籼米比较"出饭"，用它煮饭的时候，要适当多加点水，其米水比大约是1∶1.5。粳米黏性适中，煮熟后米粒有点黏性但仍能分开。它适合用来煮饭或煮粥，但吃水比较少，不怎么出饭，做米饭时米水比大概为1∶1.2。

20. 菰米是什么米？

菰米就是菰结的种子。菰生于湖泊中，结的果实像米，稀有。9月抽出茎，开的花像苇。果实长1寸（1寸≈3.33厘米）多，秋霜过后采摘，皮呈黑褐色。因雕喜欢吃其种子，古人也叫雕菰米。食用菰米在中国最起码有3 500多年历史，古代曾把"菰米"即"雕菰米"加入五谷，合称六谷，可见其在人民生活当中的重要性。现代很多人也称其为野米。菰的茎如果被菰黑粉菌侵入，就不能结菰米了，其茎也就成了耳熟能详的茭白，所以茭白植株是不能结种子的。因菰米难采集，而茭白却越来越受欢迎，菰米渐渐处于消亡状态，知道的人也越来越少。

21. 爆裂玉米有什么营养价值？

爆裂玉米制作爆裂玉米花过程中营养损失较少，特别是维生素的损失更少，爆裂玉米花中的淀粉没有回生老化的现象，蛋白质的消化率高达85%。食用爆裂玉米花可获得丰富的营养，常食还有利于牙齿保健、锻炼咀嚼肌，使脸部变得光滑健美，也可磨砺胃壁，增加肠的蠕动，促进食物的消化和吸收，对消化系统有很大的好处。

22. 油菜怎么种出各种图案？

首先在图纸上画出图案，然后分成一定密度的方格，在地里画出同样数量的方格，然后利用不同花色的油菜品种，如白花、乳白花、橘黄花、土黄花等，搭配起来就会形成不同颜色的图案了。现在各地都兴起了利用不同花色和叶色品种搭配种植的热潮，也发展成了一种独特的田间艺术。

23. 变绿的马铃薯可不可以吃？

土豆变绿了不能吃。因为土豆的绿色是叶绿素的着色，本身是没有毒害的，但是它反映了土豆中茄碱量的升高。茄碱是一种有毒物质，0.2~0.5克茄碱足以使一个成年人丧命，这是变绿土豆有毒不能吃的真正原因。

当土豆长期暴露在阳光下时，其中的茄碱量就会增加，这是土豆为了防止被食草动物吃掉而形成的一种自我保护方式。茄碱会使土豆的味道变苦，吃了含有茄碱的土豆后，会感到口干舌燥、心悸气短，更严重的还会出现精神错乱，出现幻觉，造成瘫痪。

茄碱存在于整个土豆中，表皮要多一些，削皮可以去除

30%～90%的毒素，所以，土豆最好是削了皮吃。一旦出现土豆发绿的情况，不要舍不得扔掉，因为这时候整个土豆的茄碱含量已经很高了，只是把发绿的部分削掉，仍然会中毒。

24. 大麦、小麦分不清吗？

从麦芒来区分，大麦的芒很长，和麦穗的长度差不多，小麦的芒相对来说要短，大麦的外壳很难剥下来，小麦的外壳在脱粒时已经掉了，大麦一般作啤酒的原料，或作饲料，小麦主要加工面粉。大麦的收获期比小麦早。

25. 红心、白心、黄心、紫心红薯哪种更有营养？

红薯营养物质丰富，具有相当数量的可恢复性淀粉和膳食纤维，白心红薯以淀粉为主，黄心和红心红薯富含不同种类的类胡萝卜素，紫心红薯含有丰富的花色苷。

红心、黄心红薯营养物质最高，白心红薯主要用于加工，紫心红薯具有抗氧化等保健作用。

26. 食用大豆安全吗？

目前国外有25个转基因大豆品种，我国批准进口的大豆有11个品种，都是用作加工原料，制成大豆油、腐竹、豆腐等豆制品进行售卖。由于我国禁止种植转基因大豆，因此从田间地头采摘的新鲜大豆都是非转基因大豆。

27. 你能区分籼米和粳米吗？

籼米和粳米都属于普通稻米，籼米（或籼稻）生长于气温较高的地区，我国长江流域、华南地区及低纬度南亚（如印度）、东南亚国家（如泰国）都是典型的籼米主产地；而粳米（或粳稻）适宜在较寒冷的高纬度地区生长，我国东北3省和日本产粳稻。籼米和粳米在外形上有较大区别，籼米修长苗条，膨胀性强，出饭率高；由于籼米饭黏性较小，粒粒分明，不易黏结成团，适合制作炒饭；粳米一般呈椭圆形或圆形，米粒丰满肥厚，煮后黏性较大，柔软可口，适宜煮粥。广东的丝苗米、泰国的香米都是典型的籼米，而东北的稻花香、日本的越光是典型的粳米。

28. 精米和糙米哪个更营养？

因加工程度不同将稻米分为糙米和精米。稻谷经碾磨去除外皮而保留有胚芽和内皮的"浅黄米"称为糙米；精米是经打磨去除糠皮和胚芽后的精白大米。糙米透明度差，粗硬，不易煮熟，口感较差，但是糙米糠皮和胚芽中含有B族维生素、膳食纤维、矿物质以及抗氧化剂，其营养成分更丰富，对于心血管健康有益。精米含杂质少，营养部分是胚乳，富含淀粉，外观好，口感细腻，是商品米的主要形式。在日常生活中应该将二者适当搭配，既能保证口感，又能保证营养。

29. 自己用粮食酿酒甲醇容易超标吗？

自己用粮食酿酒，材料在发酵过程中，甲醇的产生几乎是不可避免的。因为，植物细胞壁中含有果胶，果胶在果胶酶用下会生成甲醇。所以，白酒发酵过程中会产生甲醇，不论是自酿还是工业化生产都会产生。只是工业化生产酒时，一般会通过前处理、改良菌种和改善工艺等方法来降低甲醇含量。自酿过程中的甲醇含量往往不可控，而且限于设备、知识水平、技术等条件，自酿白酒的甲醇得不到有效控制，容易超标。

第三篇

杂粮篇

1. 什么是五谷杂粮?

"五谷"之说出现于春秋、战国时期,《论语·微子》:"四体不勤,五谷不分。"但解释却有不同,一说是黍、稷、麦、菽、稻;一说是黍、稷、麦、菽、麻。这两种说法的主要区别在于稻麻的有无,之所以出现分歧,是因为当时的作物并不止于五种,"百谷""六谷"和"九谷"说的存在就是一个明证,而各地的作物种类又存在差异所致。"五谷"说之所以盛行,显然是受到五行思想的影响所致。因此,笼统地说来,五谷指的就是几种主要的粮食作物。人们习惯地将米和面粉以外的粮食称作杂粮,而五谷杂粮也泛指粮食作物。

2. 什么是药食同源?药食同源的杂粮有哪些?

药食同源指许多食物即药物,食物同药物一样同样能够防治疾病,它们之间并无绝对的分界线,古代医学家将中药的"四性""五味"理论运用到食物之中,认为每种食物也具有"四性""五味"。药食同源是说中药与食物是同时起源的。

卫健委公布的既是食品又是药品即药食同源的杂粮有刀豆、白扁豆、赤小豆、薏苡仁。

3. 什么是饭豆?饭豆有什么功能?

饭豆别名精米豆、蔓豆、爬山豆、芒豆、竹豆、米豆等,是一种蔬菜、粮食、饲草、绿肥兼用的豆科作物。

饭豆的籽粒含蛋白质18.3%～22.6%,脂肪0.6%～1.2%,还含有钙、磷、铁、烟酸、核黄素等,其中钙和铁的含量较丰富。

可与其他粮食混合煮饭或磨面做主食，也可制作豆沙。红粒饭豆可入药，中医学上与红粒小豆合称赤小豆。据《中药大词典》记载："红饭豆种子性平、味甘酸、无毒、入心、小肠经。有利水、除湿和排血脓，消肿解毒的功效。对治疗水肿、脚气、黄疸、便血、痈肿等病有明显的疗效，作药材比小豆要好。"

茎叶是优质饲料，亦专种作绿肥和覆盖作物。

4. 苦荞和甜荞有什么区别？

苦荞和甜荞是蓼科荞麦属两个栽培品种，苦荞又称鞑靼荞麦，中国西南地区栽培较多，果实为三棱形瘦果，瘦果较小，棱不明显，表面粗糙，果实略苦。甜荞就是普通荞麦，主要分布在内蒙古、陕西、山西、甘肃、宁夏、新疆、云南等地，果实为三棱卵圆形瘦果，瘦果较大，表面光滑。

苦荞与甜荞相比，蛋白质、脂肪、粗纤维等营养成分都高一些，特别是芦丁的含量较高，芦丁具有降低毛细血管通透性和脆性的作用，能保持及恢复毛细血管的正常弹性。可用于防治高血压、脑溢血、糖尿病、视网膜出血和出血性紫癜等。

5. 常吃蚕豆能预防老年痴呆吗？

蚕豆是我国重要的食用豆类作物，具有较高的营养价值和药用价值。蚕豆花、蚕豆青籽粒和蚕豆苗都含有较高的左旋多巴，左旋多巴是治疗帕金森病的基础药物，还兼具有治疗弱视、促进骨折早期愈合、治疗肝昏迷、心力衰竭等作用。

因此，常吃蚕豆能预防老年痴呆是有可能的。

6. 吃蚕豆带皮好还是不带皮好？

蚕豆中原花色素高达3%～12%，主要分布于蚕豆皮中，原花色素易被人体吸收，是最高效的纯天然抗氧化剂，其氧化、清除自由基的能力是维生素E的50倍，是维生素C的20倍，还能防止多种由自由基引起的疾病，包括心脏病、关节炎等。此外，蚕豆皮中纤维素含量占85%～89%。因此，蚕豆还是带皮吃为宜。

7. 孩子经常喝豆浆会引起性早熟吗？

大豆异黄酮每天的摄入量不能超过50毫克，相当于每天摄入60克的大豆或300克的豆腐，或者1 250毫升的豆浆，也就是相当于3斤（1斤=500克，全书同）豆浆所包含的总量。因此儿童摄入适量的豆浆是不会引起性早熟的，但是大量的摄入豆浆对于青春期前发育的男孩和女孩来说，可以引起体内性激素升高，所以还是不建议在青春期的女孩或者是男孩大量的喝豆浆，或大量的摄入豆制品。

8. 什么是䅟子？䅟子有什么营养价值？

䅟（can，三声），音同"惨"，䅟子别名龙爪粟、鸭爪稗、龙爪稷、鸡爪粟、云南稗、雁爪稗、鸭距粟、野粟。中国南北各地都有种植，而以西南较多。籽实主要供食用或酿酒、制粉，秆叶可作饲料。

䅟子补中益气，主治胃病，是一味中药，在苗药中又叫铲子，果实用于补中益气，厚肠胃。在侗药中又叫狗山，治感冒，麻疹。

穇子为非洲和印度的一种主食，可作饼和面包及煮粥，也可酿制啤酒。

9. 什么是谷子？谷子有什么营养价值？

谷子，古称粟，是禾本科狗尾草属的一个栽培种，果实去皮后俗称小米。谷粒的营养价值很高，含丰富的蛋白质、脂肪和维生素。据分析，谷子含蛋白质9.7%，脂肪1.7%，碳水化合物77%，而且在每100克小米中，含有胡萝卜素0.12毫克，维生素B_1 0.66毫克和维生素B_2 0.09毫克，还含有烟酸、钙、铁等。不仅供食用，入药有清热、清渴、滋阴、补脾肾和肠胃、利小便、治水泻等功效，又可酿酒，其茎叶是牲畜的优等饲料。

10. 什么是糜子？糜子有什么营养价值？

糜子属禾本科黍属，又称黍、稷和糜。在我国古代农业中，糜子有其重要的地位，历代史书、著名古农书、古医书、诗词、地方志、农家俚语，都有关于糜子的记载。糜子籽粒脱壳后称为黄米或糜米，其中糯性黄米又称软黄米或大黄米。

糜子蛋白质含量12%左右，最高可达14%以上；淀粉含量70%左右。糯性品种中直链淀粉含量很低，优质糯性品种不含直链淀粉，脂肪含量3.6%，此外还含有β-胡萝卜素、维生素E、维生素B_6、维生素B_1、维生素B_2等多种维生素和丰富的钙、镁、磷及铁、锌、铜等矿物质元素。

糜子谷粒富含淀粉，供食用或酿酒，秆叶可作牲畜饲料。

糜子也有一定的药用价值，性味甘、平、微寒、无毒，是中国传统的中草药之一，主治气虚乏力、中暑、头晕、口渴等症。黍米入脾、胃、大肠、肺经，补中益气、健脾益肺、除热愈疮。还可以治脾胃虚弱、肺虚咳嗽、呃逆烦渴、泄泻、胃痛、小儿鹅口疮、烫伤等症。

11. 薏苡有什么功能？

薏米最养颜，薏米的营养价值很高，被誉为"世界禾本植物之王"。薏仁米营养丰富，含有薏苡仁油、薏苡仁脂、固醇、氨基酸、精氨酸等多种氨基酸成分和维生素B_1、碳水化合物等营养成分，具有利水渗湿、健脾止泻、清热解毒的功效。中医认为，薏米味甘、淡，性微寒，入脾、胃、肺经，对脾虚腹泻、肌肉酸重、关节疼痛等症有治疗和预防作用。薏米对于美容的功效也十分显著，它能够使皮肤光滑，减少皱纹，消除色素斑点，对面部粉刺及皮肤粗糙有明显疗效。但应注意，大便燥结、精液不足、小便多者、孕妇不宜多食。

薏苡营养十分丰富，据测定，薏米仁的蛋白质、脂肪、维生素B_1及主要微量元素含量如磷、钙、铁、铜、锌等均比大米高，蛋白质含量是大米的2倍，脂肪含量是大米的5.8倍，5种微量元素平均是大米的1.5倍，8种人体必需的氨基酸是大米的2.3倍。

薏苡是历史悠久的粮药兼用作物，中医常用薏苡主治水肿、脚气、小便不利、湿痹拘挛、脾虚泄泻、肺痈及胃癌、直肠癌等病症；还用于肠炎、肝炎、阑尾炎、皮炎、湿疹、高血压等病的辅助治疗，药用范围十分广泛。

薏苡又是很重要的保健品，与人们的养老保健、养颜驻容、清热祛湿、延年益寿密切相关。日本是开发薏米的先进国家，每年从我国进口大量薏米,除作食品和中药外,还利用其药效成分制成美容品和浴用剂。

12. 绿豆的主要营养成分和功效是什么?

绿豆籽粒含蛋白质24.5%左右,人体所必需氨基酸0.2%~2.4%,淀粉约52.5%,脂肪1%以下,纤维素5%。另外,绿豆还含有丰富的维生素、矿物质等营养素,其中维生素B_1是鸡肉的17.5倍;维生素B_2是禾谷类的2~4倍;钙是禾谷类的4倍、鸡肉的7倍;铁是鸡肉的4倍;磷是禾谷类、鸡肉、鱼、鸡蛋的2倍。

绿豆含有生物碱、香豆素、植物甾醇等生理活性物质,对人类和动物的生理代谢活动具有重要的促进作用。中医认为绿豆种子性甘寒,内服具有清热解毒、消暑利尿、抗炎消肿、保肝明目、止泻痢、润皮肤、降血压、降胆固醇、防止动脉粥样硬化等功效,外用可治疗创伤、烧伤、痈疽等症。现代医学认为绿豆及芽菜中含有丰富的维生素B_{17}等抗癌物质及一些具有特殊医疗保健作用的营养成分,常吃绿豆芽能有效防止直肠癌和其他一些癌症。

13. 燕麦的主要营养成分和功效是什么?

燕麦粉每100克的蛋白质含量是15.6克,脂肪含量是8.8克,钙的含量为69.0毫克,磷、铁的含量也都高于其他粮食,维生素E含量为15毫克,水溶性膳食纤维含量特别高,比小麦粉高3.7倍,比玉米高6.7倍,除此之外,维生素B族、尼克酸、叶酸、维生素H、泛酸都比较丰富。

据临床研究证明,燕麦能预防和治疗高血脂,常食燕麦,有利于对糖尿病的控制。

14. 高粱的主要营养成分及用途是什么？

高粱籽粒所含营养成分以淀粉为主，占籽粒重量的65.9%～77.4%，其次是蛋白质，占8.4%～14.5%，粗脂肪占2.4%～5.5%。每100克籽粒释放的热量为1 528kJ。与其他禾谷类作物相比，高粱的营养价值较低，主要表现在其蛋白质含量较低，且又以难溶的醇溶蛋白和谷蛋白为主。

除了可以做成各种食品，高粱还可以制糖、制酒及酒精。高粱色素可应用于熟肉制品、果冻、糕点彩装等着色，在化妆品行业，如口红、洗发香波等取代酸性大红应用，在医药行业，可以作着色剂。

15. 什么是鹰嘴豆？主要营养成分和功效是什么？

鹰嘴豆因其籽粒外形酷似鹰头，前端具喙而得名，又名桃豆、鸡豆、鸡头豆、鸡豌豆等。

鹰嘴豆籽粒营养成分比较全面，其中蛋白质含量为23.0%，并富含人体所需的各种氨基酸，脂肪含量5.3%，其中不饱和脂肪酸含量达90%以上，膳食纤维含量19.0%，钙含量280毫克/100克，居豆类作物榜首，磷、镁、铁、铜、锌以及维生素A、维生素B_1、维生素B_2、维生素B_6、维生素C和尼克酸含量也较丰富，此外，籽粒中还含有腺嘌呤、胆碱和肌醇等营养物质，易被人体吸收。

鹰嘴豆有较好的药用价值，已分别被编入《中药大辞典》和

《维吾尔药志》。其主要功用为补中益气、温肾壮阳，主消渴，解面毒和润肺止咳。籽粒可用于防治胆病和糖尿病以及治疗失眠和预防皮肤病，还可作为利尿剂和催乳剂。

16. 粗粮有几种？

粗粮就是我们平常所说的五谷杂粮，其实是个"大家庭"，有小米、玉米、高粱、荞麦、大麦、燕麦、红米、黑豆、蚕豆、红小豆、绿豆、芸豆、豌豆等。由于富含各种微量元素以及维生素，杂粮的营养价值比精制的面粉、大米更高，有些杂粮还有药用价值，所以作为辅食，经常食用有益健康。

17. 青稞知多少？

青稞是西藏人民对当地裸大麦的俗称，因其在收获时内外颖与颖果分离，籽粒裸露在外而得名。在其他地区也称青稞为米大麦、米麦、裸麦、裸大麦、元麦等，属禾本科植物，产量很低，大约300千克/亩（1亩≈667平方米）。西藏人民十分喜欢吃用青稞做的糌粑，也喜欢饮用青稞酒。

18. 常吃杂粮有什么好处？

营养学认为，最好的饮食其实是平衡膳食。平衡膳食的第一原则就要求食物要尽量多样化。一个是类的多样化，就是要尽量吃粮食、肉类、豆类、奶类、蛋类、蔬菜、水果、油脂类等各类食物；另一个是种的多样化，就是在每一类中要尽量吃各种食物，比如肉类要吃猪肉、牛肉、羊肉、鸡肉、鱼肉、兔肉、鸭肉等。

粮食也如此，只吃精米、白面是不符合平衡膳食原则的，还要吃粗杂粮，如小米、玉米、荞麦、高粱、燕麦等。对此中医古籍《黄帝内经》已有认识，"五谷为养，五果为助，五畜为益，五菜为充"。在五谷里面通常认为稻米、小麦属细粮；粗杂粮是指除稻米、小麦以外的其他粮食。粗杂粮的某些微量元素，例如铁、镁、锌、硒的含量要比细粮多一些。这几种微量元素对人体健康的价值是相当大的。粗杂粮中的钾、钙、维生素E、叶酸、生物类黄酮的含量也比细粮丰富。

常吃粗粮可以使肠胃更健康，营养更均衡，食欲更强。

19. 荞麦、燕麦知多少？

荞麦又称为三角麦、乌麦、花荞，是蓼科荞麦属作物，一年生草本双子叶植物纲，蓼科栽培植物。彝族称为"额"，古代亦写成莜麦或乌麦。四川省习惯叫荞子，又叫"胡荞麦"。有多个栽培品种，尤以苦荞最具营养保健价值。茎紫红色，叶子三角形，开白色小花，籽实黑色，磨成面粉供食用。

燕麦（裸燕麦）又称莜麦，俗称油麦、玉麦，是一种低糖、高营养、高能食品，在中国种植历史悠久，遍及各山区、高原和北部高寒冷凉地带。在麦类作物中是最耐寒的一种。中国北部和西北部地区，冬季寒冷，只能在春季播种，较南地区可以秋播，但须在夏季高温来临之前成熟。

20. 麦片是怎么做的？

若以原料来分主要有以下4种：燕麦片、荞麦片、大麦片和小麦片。加工燕麦片，一般选用裸燕麦。荞麦有甜荞和苦荞两大品系，加工麦片以后者为佳。加工大麦片多选用裸大麦（青稞）。我国的黑大麦其微量元素和生理活性成分比普通大麦的种类更全，含量更多，活性更优。加工小麦片宜选用硬质白小麦。目前，我国已培育出黑色、紫色、绿色、咖啡色和蓝色五彩小麦，这些新品种的生理功能性质大大优于普通小麦，且加工好的麦片色泽诱人，口味又好，故五彩小麦是加工麦片的上好原料。黑麦与黑色小麦的种质是不同的，用黑麦加工的麦片，具有保健、滋补、美容的功效，类似于黑米。

21. 哪些人群不适合吃哪种杂粮？

（1）消化能力有问题、有肠胃疾病的人。不适合吃难消化的杂粮，这些食材较粗糙，跟胃肠道物理摩擦，会加剧肠胃的负担。适合吃小米粥、小米乳。容易胀气的人，不能吃太多杂粮，特别是豆类。

（2）贫血、少钙的人。谷物的植酸、草酸含量高，会抑制钙质，尤其抑制铁质的吸收，所以缺钙、贫血的人，不能为了健康一味吃五谷杂粮，有些人因为杂粮吃太多，贫血一直无法改善。

（3）肾脏病人。肾脏病人反而需要吃精制白米，因为五谷杂粮的蛋白质、钾、磷含量偏高，当成主食容易吃多，病人身体无法耐受。

（4）痛风病人。痛风病人不宜摄食过多豆类，会引发尿酸增高，五谷当中的豆类摄取分量就要降到最低。

第四篇

水果篇

1. 什么是富硒猕猴桃？

硒作为人体必需的一种微量元素，近年来越来越受到人们的重视。科学研究表明，硒具有极强的抗氧化性，可以提高人体免疫能力，可以预防40多种疾病的发生。硒被国内外科学家冠以"抗癌之王""生命之火""长寿元素"等称号。因此，中国营养学会将硒列入城乡居民每日必要摄入的15种膳食营养素之一。

据调查，湖南湘西地区、永州南部、雪峰山东北部的部分区域为富硒土壤带。在湖南富硒地带比如湘西自治州栽培生产猕猴桃，由于硒含量比较高，因此也被称为富硒猕猴桃。

2. 猕猴桃有何快熟小妙招？

猕猴桃属于典型的呼吸跃变型果实，一般在可溶性固形物达到7%进行采摘，这个时候的猕猴桃都是硬的。为了使其快点成熟，可以把猕猴桃鲜果装入塑料袋内，再把切开的苹果或香蕉同袋混装，然后将袋口密封3～5天，即可后熟食用。一般每千克猕猴桃放一个切开的苹果，装入的苹果越多，催熟效果越好。经过后熟的果子变软，即可剥皮食用。这个方法的原理是增加乙烯浓度，促进果实后熟。

3. 鲜摘的草莓都是催红的吗？

到了摘草莓的季节，鲜红欲滴的草莓都是催熟的吗？不完全是的。部分草莓种植户会在草莓快成熟之际使用催熟剂，使草莓提前变红，提前采摘。但是，催熟的果实和自然成熟的果实在风味和外观上差别都非常大。一般草莓的果实会从绿色变成白色，再变成粉色，最后变成醒目的红色，因为相应的红色素天竺葵素-3-葡萄糖苷会慢慢在果实表皮累积。同时，果实开始产生并浓缩许多糖和酸，果体散发出草莓应有的香气。因此，鲜摘的草莓不完全是催熟的，大多是自然成熟型。

4. 奶油草莓是用牛奶培养出来的吗？

不是。章姬是草莓的一个品种，因果实有一股奶香味，又称为奶油草莓。它是一种较好的草莓品种，果形长圆锥形，大如鸡蛋，果肉软多汁、味甜，吃起来实心味美，水嫩多汁，深得草莓一族的青睐。因产量少，品质高，采摘价偏高。

5. 红肉的水果都有哪些？

红肉的水果主要是因为富含多种色素，比如花青素、番茄红素而呈现的果肉变红。红肉的水果主要有柑橘中的血橙、红肉脐橙、红肉葡萄柚，桃中的血桃，猕猴桃中的红阳、楚红，红肉火龙果，草莓，树莓，樱桃，杨梅，黑莓。

6. 哪些水果是需要催熟的？

一般来说，香蕉、苹果、葡萄之类的水果如果是未成熟采摘的，在分销之前都经过"催熟"才上市。但是杧果、柿子、猕猴桃，可能没有经过催熟或者没有完全熟透就摆上了货架，所以买到这些水果是需要催熟的。

7. 橘子里面为什么会有蛆？

柑橘果实中的蛆主要是柑橘大实蝇（一种果蝇）的幼虫，大实蝇越冬蛹于春季羽化出土后，交配产卵，以产卵管刺进柑橘幼果，这个时间可维持1~2个月，孵化后成为幼虫，幼虫在橘子里取食生活长大，然后钻出橘子，再孵化成成虫（大实蝇）。柑橘大实蝇一年发生一代，在湖南一般是5月上中旬开始羽化，6月上中旬成虫开始产卵，产卵为害期是6月上中旬至7月下旬。

8. 堪比鱼子酱的柑橘，你见过吗？

这种小水果名为"Finger Lime"，起源于澳大利亚沿海的热带雨林，目前已成为世界各地米其林星级餐厅最受欢迎的食材之一。它的形状更像墨西哥辣椒，这种小酸橙能产出小得像鱼子酱的果粒，可以用来装饰豪华的菜肴，确保当一个人咬它们时，它们会散发出酸味。因此有了"柑橘鱼子酱"的绰号和随之而来的疯狂价格标签，在过去的十年里，"柑橘鱼子酱"的需求变得非常之大，以至在法国和加利福尼亚等地都出现了种植园。尽管如此，这种水果仍被视为稀有品种，目前在公开市场上的售价在每千克200~300美元，高价格与种植园的低产量也有很大关系。

9. 湖南有哪些原产地保护的水果？

中国政府为保护原产地优质产品，而向经过有关部门认证的原产地产品颁发的产品地理标志叫做中国地理标志。凡通过中国地理标志认证的产品，均可在其产品表面张贴中国地理标志图样。

湖南省地理标志保护产品，水果方面有祁东酥脆枣、永兴冰糖橙、湘西猕猴桃、雪峰蜜橘、澧县葡萄、新宁脐橙、石门蜜橘等。

10. 苹果有哪些神奇功效？

大家都知道苹果是种营养丰富的水果，其实苹果还有一些不为人知的功效。

（1）利用苹果贮存土豆。把需要贮存的土豆放入纸箱内，里面同时放入几个青苹果，然后盖好放在阴凉处。由于苹果自身能散发出乙烯气体，故将其与土豆放在一起，可使土豆保持新鲜不烂。

（2）将柿子和苹果混装在封闭的容器里，5～7天，可除去柿子的涩味。

（3）将未熟的香蕉和苹果各半，装入塑料口袋里，扎紧口，几个小时后，绿香蕉即可变黄被催熟。

（4）每日将一个苹果连皮吃下，对于动脉硬化、关节炎及其他一些老年病症具有一定疗效。

（5）铝锅用的时间长了，锅内会变黑。可将新鲜的苹果皮放入锅中，加水适量，煮沸1刻钟，然后用清水冲洗，铝锅就会变得光亮如新。

（6）早晚空腹吃个苹果，有利于治疗中老年人便秘。

11. 酸味水果有解酒的作用吗？

遇到节假日、朋友聚会，喝酒是免不了的，但由于一次饮入过量的酒精或酒类饮料会对肝、肾、胃、脾、心脏等人体重要脏器造成伤害,如果喝酒时适当吃些水果,就能稍微减轻酒精对身体的危害。

通常来说,吃一些带酸味的水果可以解酒。因为水果里含有机酸,例如,苹果里含有苹果酸,柑橘里含有柠檬酸,葡萄里含有酒石酸等,而酒里的主要成分是乙醇,有机酸能与乙醇相互作用而形成酯类物质从而达到解酒的目的。

此外,还有一些水果也有解酒的功效。柿子富含果糖和维生素C,古时就被用作防止醉酒和消除宿醉的有效食品。甜柿中所含的涩味成分,可以分解酒精,其中的果糖有很好的保护肝脏的作用。

12. 水果酵素有何妙用?

酵素起源于日本,始于20世纪初,迄今已有长达80多年的历史,风靡于我国台湾。而且近几年也陆续被新加坡、马来西亚、韩国、美国等地引进。酵素就是人体内的催化剂,能够催化我们人体内各种化学反应速率,当人体内部的酵素变得很少的时候,反应速率就会下降很多。而给体内补充酵素最简单有效的方法就是服用水果酵素,水果酵素一般由天然植物发酵而成,在饮用过后可以最快速度直接被人体吸收,服用水果酵素安全没有副作用。

但是自己动手做水果酵素需谨慎,因为水果表面的微生物组成十分多样,除了发酵需要的酵母菌或乳酸菌外,还有其他包括致病菌在内的微生物。一旦在制作的过程中稍有不慎,使发酵过程中杂菌快速生长,那么这样生产出的"水果酵素"非但不能起到保健作用，还会对健康造成威胁。真正好的水果酵素必须经过特殊菌长期发酵（120~180天）及365天以上螯合共超过545天才能制成。

13. 蓝莓、树莓、黑莓和桑葚，功效相同吗？

蓝莓的好处很多，它含有的抗氧化剂远远多于其他新鲜蔬菜水果。抗氧化剂可中和体内自由基，增强免疫系统。此外蓝莓还富含类黄酮，有缓解老年性记忆衰退的功能。

树莓作为果树栽培在欧美已有百年历史，主要分布于北半球的温带和寒带，俄罗斯、波兰、德国、美国、加拿大等，树莓年产量都在万吨以上。此水果中含有大量的维生素C、维生素E、超氧化物歧化酶、γ-氨基丁酸等抗衰老物质，以及鞣化酸等抗癌物质，其中维生素E和鞣化酸含量为所有水果之最。

黑莓的营养价值也很高，维生素C含量是蓝莓的2倍，此外黑莓中的纤维素含量高于其他大多数水果。一把黑莓含纤维素8克，比两杯小麦中纤维素含量还高，有助于更好地满足25克纤维素的日需求量。纤维素对消化道健康极其重要，有助于保持健康体重和降低高胆固醇。

同样容易和黑莓以及黑树莓混淆的还有桑葚，它区别于上两种莓子的显著特征是它的果实为长椭圆形聚合果，而黑树莓和黑莓都是圆状的。桑葚果实中含有丰富的活性蛋白、维生素、氨基酸、胡萝卜素、矿物质等成分，营养是苹果的5~6倍，是葡萄的4倍，具有多种功效，被誉为"21世纪的最佳保健果品"。常吃桑葚能显著提高人体免疫力，具有延缓衰老，美容养颜的功效。

14. 如何自制苹果醋?

苹果如果吃不完可以学着自己做苹果醋。制作苹果醋的主要步骤如下。

（1）准备苹果、白醋、冰糖。

（2）苹果洗净切半去核。

（3）苹果切片。

（4）准备无油无水玻璃瓶，一层苹果一层冰糖。

（5）倒入白醋，没过苹果。

（6）盖上一层保鲜袋，然后拧上瓶盖密封。

（7）大约1个月，过滤掉苹果，剩下的就是苹果醋，颜色金黄透亮。

（8）纯净水和苹果醋10∶1比例就可以调成可口的苹果醋饮料。

15. 荔枝、龙眼如何保鲜?

荔枝、龙眼属无呼吸高峰型果实，成熟期间完好果实无明显的呼吸跃变期，但其呼吸强度比苹果、香蕉、柑橘大1~4倍。在30℃下荔枝果实中的蔗糖酶和多酚氧化酶非常活跃。由于果皮薄、有龟裂片，果皮与果肉之间连接疏松，致使其果肉中的水分易于散失；加之其果皮富含单宁物质（约7%），因此，果皮极易发生褐变，导致果实抗病力迅速下降，色、香、味衰败，进而被病菌侵染而腐烂。抑制失水和褐变便可有效地保鲜荔枝，抑制衰败腐烂。

目前荔枝、龙眼常用的保鲜方法有下面几种。

（1）液态化学药剂保鲜法。可于采果前两个星期用扑海因700倍液或0.02%的2,4-D进行喷雾，能够起到延长采后贮藏时间的作用。

（2）特种保鲜袋保鲜法。特种保鲜袋采用聚烃烯树脂加工而成，具有多层结构的塑料薄膜复合包装袋。它能反射95%以上光线，使袋温在直射阳光下亦无明显上升；其保湿性能极佳，能自行调节袋内气体成分，形成低氧高二氧化碳的贮果环境，达到保鲜的效果。

（3）完善低温冷链流、冷藏车运输、冷库及气调库贮藏及超级市场低温冷柜贮藏等一系列低温条件配套措施，保证荔枝的新鲜度、品质和风味。在相对湿度为75%～90%的条件下，冷链温度维持在4～6℃，荔枝可保鲜1个月，冷链7～8℃，可保鲜25天左右，冷链9～12℃，可保鲜21天左右，好果率达88%以上。

16. 香蕉如何不变黑？

香蕉的表皮细胞含有一种氧化酵素。平日里，它被细胞膜包裹得严严实实，不与空气接触，然而一旦碰伤或受冻，细胞膜破裂，氧化酵素就流出来了，与空气中的氧气发生氧化作用，生成一种黑色的化合物，也就是"丑陋"的黑斑。所以买回来的香蕉最好悬挂起来，减少受压面积，这样香蕉能够"美貌"更久些。另外，如果将买回的香蕉立即用清水冲洗几遍，可减轻催熟剂的腐蚀。在相同外界条件下，冲洗过的香蕉可延长存放时间5～7天不变质。香蕉保存在8～23℃最合适，高温容易过熟变色；而温度过低，易发生冻伤现象，注意绝不能把香蕉放进冰箱中冷藏，否则果肉会变成暗褐色，口感不佳。因此天热时放在凉爽通风的地方，天冷时用报纸等物品包好保存。

17. 低糖、高糖水果分别有哪些？

每100克水果中含糖量少于10克的水果，包括柠檬、青瓜、西瓜、橙子、柚子、桃子、李子、杏、枇杷、菠萝、草莓、樱桃、黄瓜、西红柿等。此类水果每100克可提供20～40千卡的能量。火龙果果肉中含能量60千卡，稍高于苹果，维生素C含量是苹果的3倍。相比之下，葡萄干、桂圆、柿饼、香蕉、芭蕉、鲜枣都属于高糖水果，每天食用量最好不要超过100克。

18. 菠萝与凤梨有何区别？

凤梨与菠萝在生物学上是同一种水果。市场上，凤梨与菠萝为不同品种水果，菠萝削皮后有"内刺"需要剔除；而凤梨削掉外皮后没有"内刺"，不需要用刀划出一道道沟。菠萝的叶子边缘有刺，而且削皮之后还要挖掉一个个的"黑眼"，而凤梨的叶子没刺，果实也不用抠"黑眼"。台湾凤梨口感更甜一些。凤梨和菠萝的功效是一样的，都具有助消化、美容的作用，食用要适量。吃菠萝时最好用盐水浸泡，这样才能减少对口腔黏膜的刺激。

19. 什么是冰糖心阿克苏苹果？

"冰糖心"的专业名词叫"水心"，有专家推测其发生的主要原因是液泡膜系统对山梨醇渗透性发生了变化，也有专家指出缺钙也是引起水心的原因之一。通俗地讲，"水心病"就是苹果的富贵病——糖太多！新疆阿克苏苹果就是因为光照时间长，昼夜温差大等得天独厚的气候优势才盛产"冰糖心"。

20. 柑橘可以烤着吃吗？

柑橘加热之后，可以让柑橘外皮的养分充分渗进果肉里，多吃一口烤柑橘，就等于多吸收一口营养素。柑橘的健康成分不只存在于果肉里，果皮和果肉之间的白色网丝和果粒袋，也都含有丰富的维生素C和果胶，可以消除疲劳和预防老化，所以每天只要吃2个柑橘，就能摄取1日所需的80%维生素C。

具体做法是去除柑橘表皮的果蜡，把柑橘浸泡在40~50℃的热水中，时间约1分钟；再把柑橘取出，用布擦干；然后，使用烤箱或微波炉。将橘子用铝箔纸包好，以隔绝空气，把包着锡箔纸的柑橘放入烤箱中烤10分钟，即可食用。使用烤箱或微波炉，可以让橘子均匀受热，果皮不易烤焦而变得比较柔软。

21. 红色果肉的柑橘更营养吗？

柑橘的果肉颜色呈现红色有两种情况，一种是由类胡萝卜素中的番茄红素决定，如红肉脐橙，番茄红素是被发现的最强抗氧化剂之一，具有防癌、抗紫外线辐射、增强免疫力等作用；另一种是由花青素决定，如血橙，是柑橘中唯一含花青素的品种，具有抗自由基，预防心血管疾病，抗突变等作用。

22. 柑橘果实的橘络也是宝吗？

许多人吃橘子时，喜欢将橘瓣外白色的筋络扯得一干二净，其实，橘络具有通络化痰、顺气活血之功，不仅是慢性支气管炎、冠心病等慢性疾病患者的食疗佳品，而且对久咳引起的胸胁疼痛不舒还有辅助治疗作用。

23. 所有的橘子都统称柑橘吗？

我国柑橘主要栽培种类大致分为6类。

（1）宽皮柑橘类。果皮宽松，剥皮容易。含柑类（如温州蜜柑、贡柑）和橘类（如椪柑、砂糖橘、蜜橘）。

（2）甜橙类。普通甜橙（如锦橙、冰糖橙）、脐橙（赣南脐橙、纽荷尔）、血橙。

（3）柚类。沙田柚、琯溪蜜柚、安江香柚等。

（4）杂柑。橘与橙，橘与柚的杂交后代。春见、不知火、红美人等。

（5）柠檬类。尤力克、里斯本、费米耐劳等。

（6）金柑类。

24. 一个榴莲的营养等同于三只鸡吗？

榴莲素有"热带水果之王"的美称，民间也流传着"一个榴莲三只鸡"的说法，以此来赞美榴莲营养价值之高。榴莲不同于普通的水果有较高的水分，而是典型的高糖高脂的水果，每100克中有3.9克脂肪和高达34.1克的碳水化合物（其中糖类和淀粉各占约12克），因此在高热量水果排行榜中，它绝对能排得榜前几名，热量约为147大卡/100克，而香蕉也就91大卡/100克。

25. 榴莲的种子可以吃吗？

榴莲的种子富含蛋白质，炒熟或煮熟后去壳吃，味道类似板栗，吃了能够增加体力。可以将榴莲种子放锅里水淹着，中火煮20分钟左右，捞出来用冷水冷却一下。小心剥开核皮，这个核的质感和其他坚果类似，煮熟之后是有点粉的感觉。榴莲籽还可以用来煲汤。相对榴莲果肉，榴莲的籽质较温和，晒干煮汤有补肾、健脾的作用。

26. 刺葡萄是什么？

刺葡萄，属东亚种群，是野生葡萄驯化品种，主要分布于湘西地区，包括麻阳、芷江、中方等县。刺葡萄在湘西的栽培史已有100多年，通过多年来不断的选优，已形成适宜当地栽培且品质和产量都表现良好的本地品种。一般葡萄每周需要喷施农药，需要大量化肥，而野生刺葡萄在南方多雨地区生长，适宜于阴凉山区栽培，以海拔500米左右为最宜。树势生长势强、天生抗病虫，不用喷施农药，只需少量有机肥料，完全是绿色无公害水果。果穗圆锥形，果粒中等、圆形，皮紫黑色，延后采摘果粒面带白霜、鲜嫩诱人。果肉品质上乘，汁浓味淳，甘甜鲜美。果肉含糖量在14%以上，高的可达18%，通过富硒栽培总糖量甚至高达25.8%。富含维生素和矿物质。

27. 刺葡萄酿酒的优势有哪些?

（1）高山刺葡萄能比阿司匹林更好地阻止血栓形成，并且能降低人体血清胆固醇水平，对预防心脑血管病有一定作用。

（2）长期吸烟者可多吃高山刺葡萄，可缓解吸烟引起的呼吸道发炎、痒痛等症状。

（3）高山刺葡萄也是吃了不发胖的水果，女性每天吃一斤，有益于心血管健康。

（4）高山刺葡萄的抗癌作用尤其明显，可以防止健康细胞癌变，阻止癌细胞扩散。

（5）高山刺葡萄的巨大经济价值主要在于酿酒。自酿葡萄酒，帮助人体净化器官，保护肝脏，软化血管，促进食欲助消化。

（6）高山刺葡萄籽全身是宝，刺葡萄籽提取物是迄今发现的植物来源的最高效的抗氧化剂之一，更有皮肤维他命和口服化妆品的美誉。

28. 杨梅吃前需浸泡一下吗?

杨梅上出现的白色小虫是果蝇幼虫，用肉眼很难发现，但是对人体并无危害。所以在吃杨梅前，最好先用盐水浸泡10分钟左右（可帮助去除隐匿于杨梅果肉中的幼虫），然后用清水洗干净；再用盛放水果容器（可以过滤水的那种容器）静置20分钟左右，杨梅就比较干净，水分也很少了，可以马上食用或放冰箱保鲜。

29. 如何挑选好的山竹？

一看果蒂。果蒂其实就是山竹果实连接山竹枝的那里，颜色越绿说明越新鲜。如果蒂叶颜色暗沉，表示此山竹已太老，不适宜吃了；如果果蒂颜色变褐色或者变黑，说明这个山竹放置时间太长了，有可能腐烂变质了。

二看颜色。色泽鲜艳、有光泽的山竹是新鲜的。

三捏果壳。用手轻轻捏一下山竹的果壳，可以捏的动、有弹性的则说明是新鲜的。如果太硬，捏不动，则是太老或风干了，这个山竹就不新鲜了。如果太软，则山竹可能被泡了或者腐烂了。

四掂分量，看大小。大小合适均匀、分量比较重的山竹，一般水分比较多，够新鲜，也好吃。重量太轻的山竹，则可能是被风干了，已经不新鲜了。山竹底部的花瓣数目和里面的果肉数目一一对应。

30. 什么是油蟠桃？

油蟠桃是中国农业科学院郑州果树研究所选育出来的油蟠桃新品种。该品种集油桃和蟠桃的性状于一身，是桃家族中的新品、珍品。目前生产中综合性状优良，特别是早熟油蟠桃品种还是一个空白，油蟠桃36-3品种的育成正好填补了这一空白。而且该品种早熟、外观美、品质优、不裂果、丰产、适应性强，既适合常规露地栽培，又适合保护地栽培，市场空间大，发展前景广阔。

第五篇

蔬菜篇

1. 一年四季适宜吃什么蔬菜？

1—3月吃萝卜、马铃薯、芹菜、蒜苗、莴笋、菜薹、包菜、油菜。

4—6月吃小白菜、黄瓜、苦瓜、蚕豆、马铃薯、洋葱、茄子。

7—9月吃辣椒、茄子、番茄、毛豆、玉米、冬瓜、南瓜、莲藕、茭白、红薯叶。

10—12月吃莴苣、大白菜、大葱、花菜、胡萝卜、萝卜。

2. 菠菜吃之前，用热水还是冷水焯？

菠菜含有高草酸，草酸会妨碍人体对钙质的吸收，所以烹饪之前都要先经过焯水，这样可以释放出大量的草酸，还能去除苦涩味，菠菜的营养也能更好的被人体吸收。那么菠菜焯水是用冷水，还是热水呢？其实很简单，菠菜焯水要用沸水，焯的时候可以在锅里加入一些植物油，这样既可以减少菠菜营养成分的流失，又能保持菠菜青绿鲜艳的色泽，而且吃起来口感会更加鲜嫩。还有菠菜要整根焯水后再切，而且菠菜的根茎和叶子要分开焯，先焯根茎再焯叶子，焯叶子的时间控制在30秒左右，避免把菠菜焯老了，焯水完后的菠菜要迅速放入冷水中过凉，来保持菠菜颜色的翠绿。虽然焯水会流失一部分的营养，但不会让菠菜完全失去营养价值，而且菠菜中的钙、铁、胡萝卜素和维生素等微量元素等不会因为焯水而损失，所以不用太担心焯水会损失营养，反而焯水后的菠菜会释放大量草酸，吃起来会更加健康。

3. 如何快速除去叶菜的农药残留？

（1）浸泡水洗法。先用水冲洗掉蔬菜表面污物，然后用清水浸泡30分钟，如此反复操作2~3次，基本上可除去大部分残留农药。

（2）碱水浸泡法。先将蔬菜表面污物冲洗干净，然后浸泡到碱水中，比例大约为500毫升水中加入碱面5~10克停留5~15分钟，再用清水反复冲洗。

（3）储存法。蔬菜上的残留农药随时间推移能缓慢地分解，冬瓜、南瓜等不易腐烂的蔬菜可以先存放上一周再食用。

（4）热水法。常用于芹菜、菠菜、青椒、菜花、豆角等。先将蔬菜表面污物洗净，然后放入沸水中，2~5分钟后捞出，用清水再洗1~2遍即可。

4. 哪些蔬菜可以降血压、降血脂、降血糖？

鲜黄瓜含有丙醇二酸，可以抑制糖类物质转化为脂肪。黄瓜中还含有纤维素，对促进肠蠕动，加快排泄和降低胆固醇有一定的作用。

芹菜含有丰富的维生素和矿物质，能增强胃肠蠕动，有很好的通便作用，能帮助排除肠道中多余的脂肪。国外已有研究证实，经常食用芹菜的人，体内胆固醇的含量显著下降，而且还能明显的降低血压。

苦瓜含有较多的苦瓜皂苷，可刺激胰岛素释放，有非常明显的降血糖作用，苦瓜中维生素B_1、维生素C和多种矿物质的含量都比较丰富，能调节血脂、提高机体免疫力的作用，又有"植物胰岛素"的美称。

大蒜具有明显的降血脂和预防动脉硬化的作用，并能有效防止血栓形成。经常食用大蒜，能够对心血管产生显著的保护作用。大蒜又被称为"药用植物中的黄金"。

茄子中的茄子皮内含有丰富的维生素P，有显著的降低血脂和胆固醇的功能。维生素P还可以增加毛细血管的弹性，改善微循环，具有明显的活血、通脉功能。此外，茄子中还含有大量的皂草苷，也能降低血液中的胆固醇。因此，茄子对于高血压、动脉硬化的患者来说是理想的食物。

菜花有白、绿两种，绿色的也叫西蓝花。两者的营养价值基本相同，菜花热量低，食物纤维含量很高，还含有丰富的维生素和矿物质，因此它又被称为"天赐的良药"。

辣椒含维生素C的比例在所有食物中最高。维生素C可以改善机体微循环，减低毛细血管脆性，同时维生素C还能够降低胆固醇的含量，是一种天然的降脂食物。

5. 哪些蔬菜可以降尿酸？

尿酸高的人首先要调整饮食习惯，不能饮酒，避免吃海鲜食品。如果出现痛风的情况一定要卧床休息，然后饮食上一定要清淡，能够降尿酸的食物首选是芹菜，芹菜富含钾，有很强的利尿作用，可以促进尿酸的排出。其次是番茄，也是富含钾，有助于排出血液中的尿酸，同时能够碱化尿液。还可以多食用黑色食品，像黑豆、黑芝麻、黑米等物质，因为黑色入肾，具有补肾的效果，肾脏强大也会促进尿酸排出。要调整饮食习惯，不能饮酒，避免吃海鲜食品。

6. 食用菌的家族到底有多大？

食用菌是指子实体硕大、可供食用的蕈菌（大型真菌）。中国已知的食用菌有350多种，其中多属担子菌亚门，常见的有香菇、草菇、蘑菇、木耳、银耳、猴头、竹荪、松口蘑（松茸）、口蘑、红菇、灵芝、虫草、松露、白灵菇和牛肝菌等；少数属于子囊菌亚门，其中有羊肚菌、马鞍菌、块菌等。

7. 毒韭菜真的有毒吗？

毒韭菜就是为了防止钻心虫咬韭菜根，采用甲拌磷灌根（使药液渗透到韭菜根部的漫灌方法）使韭菜长得好看，看上去肥厚、叶宽、个长、色深。甲拌磷属于高毒农药，国家禁止其用于蔬菜、茶叶等作物上，其残留可导致食用者头痛、头昏、无力、恶心、多汗、呕吐、腹泻，重症可出现呼吸困难、昏迷、血液胆碱酯酶活性下降等。另外，甲拌磷在人体内不容易被分解，如果长期食用这种有毒韭菜，那么身体内的毒素会越来越多，从而造成更严重危害。

8. 哪些蔬菜吸收重金属能力最强？

叶菜类中的芥菜，对镉、铜和铅（Pb）有较强的吸收富集能力；芹菜对镉（Cd）、汞（Hg）、砷（As）和铬（Cr）吸收富集能力较强；蒿菜、菠菜吸收富集镉（Cd）和锌（Zn）；四季豆和马铃薯吸收富集铅（Pb）；包菜、莴笋等则对重金属的吸收富集能力较弱。所以相应矿区不宜种植富集重金属的蔬菜。

9. 西蓝花隔水蒸最抗癌吗？

西蓝花是天然抗癌化合物——萝卜硫素的极佳食物来源，其中的黑芥子酶对萝卜硫素的抗癌作用极为关键。一旦黑芥子酶遭到破坏，萝卜硫素也就没有抗癌作用了。西蓝花隔水蒸5分钟左右，黑芥子酶保持得最好，这样做出来的西蓝花更抗癌。

10. 冬瓜、南瓜要不要削皮吃？

有些人吃冬瓜、南瓜喜欢削皮，有些人则喜欢不削皮。那么我们吃冬瓜、南瓜的时候要不要削皮呢？冬瓜皮含丰富的营养物质，不但具有保健价值，而且具有药用价值。冬瓜皮含有多种挥发性成分、三萜类化合物、胆固醇衍生物，又含维生素B_1、维生素C、烟酸、胡萝卜素等矿物质和微量元素，性微寒而味甘、淡，能清热利水消肿，常用于水肿胀满，尤其适用于湿热所致之小便不利等症。冬瓜皮还可治疗糖尿病，倘能坚持饮服冬瓜皮汤3~6个月，可使糖尿病患者的"三多"（饮多、食多、尿多）症状得到明显的改善。可见，吃冬瓜时也不应削去冬瓜皮，最好连皮一起炖，把冬瓜皮的营养和功效发挥出来。

南瓜皮也是可以吃的，对身体的健康也是很有帮助的。南瓜皮具有补脾胃、益气血、止咳定喘之功效，还有利尿的作用。河南人民就有煮南瓜粥的习惯，提倡喝南瓜粥养心暖胃。但注意要挑选无疤痕、无黑斑的、新鲜的、表面光滑干净的南瓜，而且一定要清洗干净皮上的脏东西后才可以带皮烹调着吃。

11. 家庭阳台适宜栽培的蔬菜有哪些？

朝南阳台为全日照，阳光充足、通风良好，是最理想的种菜阳台。几乎所有蔬菜都是在全日照条件下生长最好，因此一般蔬菜一年四季均可在朝南的阳台上种植，如黄瓜、苦瓜、番茄、菜豆、金针菜、番杏、芥菜、西葫芦、青椒、莴苣、韭菜等。此外，莲藕、荸荠、菱角等水生蔬菜也适宜在朝南的阳台种植。冬季朝南阳台大部分地方都能受到阳光直射，再搭起简易保温设备，也可以给冬季生产蔬菜创造一个良好的环境。朝东、朝西阳台为半日照，适宜种植喜光耐阴蔬菜，如洋葱、油麦菜、小油菜、韭菜、丝瓜、香菜、萝卜等。但朝西阳台夏季西晒时温度较高，使某些蔬菜产生日烧，轻者落叶，重者死亡，因此最好在阳台角隅栽植蔓性耐高温的蔬菜。在夏季，对后面楼层反射过来的强光及辐射光也要设法防御。

朝北阳台全天几乎没有日照，蔬菜的选择范围最小。应选择耐阴的蔬菜种植，如莴苣、韭菜、芦笋、香椿、蒲公英、空心菜、木耳菜等。在夏季，对后面楼层反射过来的强光及辐射光也要设法防御。

12. 抗癌的蔬菜有哪些？

红薯：含有抑制癌细胞生长的抗癌物质，名为糖脂；还有一种活性物质叫脱氧异雄固酮，它可以抑制和杀灭癌细胞，防治乳腺癌和结肠癌。

卷心菜：可减少患消化系统癌症的几率。

西蓝花：含有莱菔子硫，帮助消灭致癌物质。

蒜头：含有避免细胞受损物质，有助防癌。
红椒：半个红椒能供给成年人一天所需的维生素C。
番茄：可减低患前列腺癌机会。
洋葱：除了防癌，还改善血液循环及血压问题。
胡萝卜：使皮肤健康，加强免疫力。

13. 野菜也疯狂？

野菜，也就是非人工种植的可以食用的植物，靠风力、动物等传播种子自然生长，是大自然的宝藏之一。如今野菜不但登上了高级饭店的餐桌，也成了人们日常的保健食品，深受人们的青睐。目前市面上受欢迎的野菜有马齿苋、藜蒿、地米菜、鱼腥草、蕨菜、香菜、枸杞芽、蒲公英、车前草、黄秋葵、紫背菜等。野菜不仅含人体所必需的蛋白质、脂肪、碳水化合物、维生素、矿物质等营养成分，而且植物纤维更为丰富，有的野菜维生素、矿物质含量比栽种的蔬菜高几倍甚至几十倍。而且大多数野菜生长于山林之中，未受到现代工业和农药化肥的污染，尤为珍贵。

14. 胡萝卜适合生吃还是用油炒？

胡萝卜含有胡萝卜素，是一种脂溶性物质，只有溶解在油脂中，才能在人体的小肠黏膜作用下转变为维生素A而被吸收。因此，做胡萝卜菜时，要多放油（胡萝卜很吃油），最好同肉类一起炒。不要生吃，生吃不易消化吸收，90%的胡萝卜素因不被人体吸收而直接排泄掉。烹制胡萝卜的时间要短，以减少维生素C

的损失。发绿的胡萝卜头,味道苦,应削掉。

15. 反季节蔬菜的栽培种类有哪些?

(1)高山反季节栽培。这是在炎热季节生产怕热蔬菜的技术。原理是,在炎热的夏秋季,低海拔平川地区因气温高,怕热菜不能种植,而在高海拔山区,由于气温随海拔升高而降低,那里仍然较为凉爽,可以种植平川地区因高温不能种植的怕热蔬菜。高山反季节蔬菜栽培目的是,在8—10月蔬菜"秋淡"季节,为市场提供花色丰富的新鲜蔬菜。因此,必须以上市期为依据,根据各种类、品种的生育期合理安排播种期。适合高山反季节栽培的蔬菜的种类很多,主要有大白菜、甘蓝菜、芹菜、花菜、萝卜、胡萝卜、番茄、菜椒、四季豆等。适合进行高山反季节蔬菜栽培的山区海拔,一般为800米以上。

(2)保温设施栽培。这是在寒冷季节栽培怕冷蔬菜的栽培技术。保温设施主要有塑料大棚、塑料小拱棚、地膜覆盖、电热温床。保温设施栽培,主要是为蔬菜早春抢早上市和晚秋延后供应。抢早上市的蔬菜种类有空心菜、黄瓜、茄子、甜椒、四季豆、毛豆、木耳菜等。延后供应的种类还有秋冬黄瓜、晚秋番茄、四季豆、豇豆、甜椒等。

(3)遮阳网栽培技术。遮阳网是一种新型的覆盖材料,根据透光度要求,有不同的编织密度。一般采用黑色遮阳网。用它覆盖蔬菜,能起到遮阳、防风、防暴雨和增加园地湿度的作用,因而有利于克服夏秋强光、暴雨、高温对蔬菜生产造成的不利影响,达到在炎热季节增加蔬菜花色品种,提高质量,满足人们需要的目的。

16. 反季节蔬菜真的不好吗？

市面上对反季节蔬菜的质疑一般集中在以下3个方面：一是认为反季节产品不顺应自然生长规律，营养价值低；二是反季节的东西是激素催长出来的；三是大棚蔬菜农药易超标。专家表示，反季节蔬菜由于生长期短，受光照和温度的制约，会让口感受到影响。反季节蔬菜是否安全跟反季无关，和应季果蔬一样，安全是种出来的，只要植物激素和农药使用合理，一样是安全的。监管部门把住检测关口，农药残留和激素问题都可避免。

17. 膳食纤维是什么？哪些蔬菜富含膳食纤维？

膳食纤维，指不易被消化的食物营养素，在消化系统中有吸收水分的作用。膳食纤维主要是非淀粉多糖的多种植物物质，包括纤维素、木质素、甲壳质、果胶、β-葡聚糖、菊糖和低聚糖等，通常分为非水溶性膳食纤维及水溶性膳食纤维两大类。它是健康饮食不可缺少的物质，纤维可以清洁消化壁和增强消化功能，纤维同时可稀释和加速食物中的致癌物质和有毒物质的移除，保护脆弱的消化道和预防结肠癌。

蔬菜中纤维量较高的依次为蒜苗、金针菜、茭白、苦瓜、韭菜、冬笋、菠菜、芹菜、丝瓜、藕、莴笋、茄子等。

18. 西瓜是水果还是蔬菜？

西瓜属葫芦科，原产于非洲。西瓜是一种双子叶开花植物，形状像藤蔓，叶子呈羽毛状。它所结出的果实是瓠果，为葫芦科瓜类所特有的一种肉质果,属于蔬菜,是由3个心皮具有侧膜胎座的下位子房发育而成的假果。西瓜主要的食用部分为发达的胎座。果实外皮光滑,呈绿色或黄色有花纹,果瓤多汁为红色或黄色。目前市场上销售的西瓜品种有早春红玉、黑美人、无籽西瓜、黄小玉、红小玉等。

19. 拇指西瓜,你吃过吗?

拇指西瓜,学名是佩普基诺,来自南美洲的一种野生植物。形状类似于红薯,但佩普基诺只有3厘米长、直径2厘米。虽然外表与普通西瓜无异,但佩普基诺内瓤为青绿色,根部为茎状。口感如黄瓜般清脆爽口,营养价值比普通西瓜高,可直接食用。佩普基诺有两种颜色和形状,一种是淡绿色带花纹的,瓜果通常是椭圆形;另一种是深绿色和黄色相间的,瓜果一般是圆形。拇指西瓜与黄瓜有一点近缘关系,和西瓜其实沾不上亲。拇指西瓜因拥有大量生物活性酶,所以对抗衰老、延年益寿有显著功效。

20. 如何识别好的干辣椒?

干辣椒是新鲜红辣椒经过脱水干制而成的辣椒产品,在川菜系列中经常见到,现在湖南、东北地区也越来越多的人喜欢吃。干辣椒主要分熏制和晒制两种。熏制即为新鲜红辣椒,将一定数量的辣椒把柄扎成一束之后,悬挂于农村土灶头上空,使用草、木烧火所产生的烟雾进行长期熏炕而成。晒制就是天气晴朗时利用太阳直接暴晒而成。而经过化学加工的毒辣椒是用硫黄熏过的,硫黄熏过的干辣椒亮丽好看,没有斑点,正常的干辣椒颜色是有点暗的。用手摸，手如果变黄，是硫黄加工过的。仔细闻闻，硫黄加工过的多有硫黄气味。

21. 切辣椒辣手如何解决？

辣椒中产生辣味的物质是一种统称为辣椒素的辣椒碱。切辣椒时，辣椒素沾在皮肤上，会使微血管扩张，导致皮肤发红、发热，并加速局部的代谢率。同时，还会刺激痛觉神经，这就是我们平时觉得辣手的原因。一般认为，这是由辣椒素使皮肤的神经末梢发生化学转化而导致的。

辣椒碱可溶于乙醇及碱性水溶液中，但不溶于冷水。所以，可以用涂抹酒精、食醋，热水洗手等方法去除辣味。最后，告诉大家一个方法，在切辣椒时，可以用手指肚按着辣椒，而不是用指甲掐住辣椒，这样，手就不容易被烧到了。

22. 茄子的种类和营养有哪些？

从颜色上看，茄子有紫色、黄色、白色和青色4种；从形态上分，茄子常见的有球形的圆茄、椭圆形的灯泡茄和长柱形的线茄3种。

茄子的营养也较丰富，含有蛋白质、脂肪、碳水化合物、维生素以及钙、磷、铁等多种营养成分。特别是维生素P的含量很高。每100克中即含维生素P 750毫克，这是许多蔬菜水果望尘莫及的。维生素P能使血管壁保持弹性和生理功能，防止硬化和破裂，所以经常吃些茄子，有助于防治高血压、冠心病、动脉硬化和出血性紫癜。

23. 农药污染严重和污染相对较少的蔬菜有哪些？

据专家们介绍，叶菜类容易出现农药残留超标现象，如北方的韭菜、油菜，南方鸡毛菜、芥菜等。其中韭菜、油菜受到农药污染比例最大。

农药污染相对较小的蔬菜有：茄果类蔬菜，如青椒、番茄等；嫩菜类蔬菜，如豆角等；鳞茎类蔬菜，如葱、蒜、洋葱等。

24. 如何挑选又甜又粉的南瓜？

南瓜营养丰富，富含人体必需的铁、磷等，重要的是南瓜含"钴"，是其他任何蔬菜都不可相比的，食用以后有补血作用，就连清代名医陈修园也说："南瓜为补血之妙品。"常吃南瓜还有助于防治糖尿病。但是要挑到又粉又香的南瓜还是有诀窍的，有以下几点。

（1）南瓜皮越粗糙越好。

（2）用手指甲掐皮掐不入。

（3）外皮与黄色的肉之间有明显的青筋。

（4）瓜蒂越小越好。

25. 如何识别野生菌是否有毒？

（1）观外形。一般毒菌的颜色比食用菌鲜艳，菌伞上多呈红紫、黄色或杂色斑点，柄上有环和托。

（2）闻气味。毒菌往往有辛辣、恶臭及苦味，食菌则有固有的香味，无异味。

（3）变色试验。用葱白在菌盖上擦一下，如果葱白变成青褐色，证明有毒，反之则无毒。毒菌煮熟后遇上银器会变黑色，遇葱会变蓝色或褐色。

（4）牛奶试验。将少量新鲜牛奶放在菌表面，如果牛奶在菌表面发生结块现象，则可能有毒。

（5）采用银筷进行检验。

中毒原因有如下几方面。

一是误食有毒菌类。常见的野生菌有上百种，但能食用的只有三四十种，比如有一种极像青头菌的有毒菌，就常混杂在能食用的青头菌中，人吃后悲剧自然就不可避免地发生。

二是加工环节出现失误。如果没有炒熟或炒菌的锅上沾有了没有炒熟的菌，食用后就可能中毒。

三是野生菌生长的地方出现污染。如果野生菌生长的地方发生污染，或地层下含有磷之类有毒的矿物质，误食这种菌，很容易导致中毒。

26. 西红柿是生吃营养还是炒着吃营养？

西红柿又名番茄，富含番茄红素、维生素C以及钙、磷、钾、镁、铁、锌等多种元素，因营养丰富，又有多种功用被称为神奇的菜中之果。对于番茄来说，两种吃法都有营养，只是补充的营养成分不同。生吃补充维生素C，炒着吃是补充番茄红素，因为在加热过程中，番茄红素和其他的抗氧化成分含量会逐步增加，并且活性也得到提高。番茄红素的抗氧化能力是维生素E的10倍左右，远高于维生素C。

27. 深色蔬菜有几种？

深色蔬菜是指深绿色、红色、橘红色、紫红色等蔬菜，它们富含胡萝卜素，尤其β-胡萝卜素，是中国居民维生素A的主要来源。比如红辣椒、菠菜，维生素含量要比浅色蔬菜高很多。

此外，深色蔬菜还含有其他多种色素物质，如维生素C、叶绿素、叶黄素、番茄红素、花青素等，以及其中的芳香物质，赋予蔬菜特殊的色彩、风味和香气，有促进食欲的作用，并呈现一些特殊的生理活性。在最新版本的《中国居民膳食指南》中，中国营养学会特别推荐了深色蔬菜：在成年人每天吃的蔬菜300～500克中，最好深色蔬菜约占一半。

常见的深绿色蔬菜：菠菜、油菜、冬寒菜、芹菜叶、空心菜、莴笋叶、芥菜、西蓝花、西洋菜、小葱、茼蒿、韭菜、萝卜缨等。

常见的红色、橘红色蔬菜：西红柿、胡萝卜、南瓜、红辣椒等。

常见的紫红色蔬菜：红苋菜、紫甘蓝、蕺菜等。

28. 绿色土豆有毒吗？

土豆平常不会引起中毒，但当它颜色变绿或发芽的时候，会产生大量的龙葵素，又称茄碱。茄碱是一种毒性很强的物质，这种毒素不仅存在于土豆的表层中，而且它的芽、芽眼和芽根及变绿的地方含量更多。芽里的茄碱含量比土豆本身高50%～60%。如果人们吃了含有茄碱的土豆，就会出现中毒。因此削皮吃土豆更安全。

29. 无根的豆芽是怎么来的?

很多家庭喜欢挑选没有须根、茎粗短、顶芽小的豆芽菜食用，认为这种豆芽菜又嫩又脆，浪费也少，而且烹调快。但专家提醒，这种豆芽菜毒性很强，有一定的致癌性，对身体健康有较大的危害。

据专家介绍，这种无根豆芽菜在培育过程中放入一种叫做"除草剂"的物质催发生长，除草剂具有很强的毒性，不仅能抑制植物正常生长，促使植物发生畸形，只长茎，不长根和头，而且还会破坏蛋白质、维生素、矿物质等营养素。

人吃了含有除草剂培育催发的豆芽菜，其各种化学毒素便会抑制人体各种细胞生长，侵蚀损害组织。假如经常吃含有除草剂浓度较高的豆芽菜，还会抑制肌体各种细胞的生长或组织变性，使某些细胞发生突变而逐渐衍变为癌细胞。另外，还能引起某些组织慢性中毒，导致新陈代谢障碍。主要从如下几方面挑选豆芽。

（一）看豆芽秆，自然培育的豆芽菜芽脚不软、脆嫩、色泽白，而用食用添加剂发的豆芽菜，芽秆粗壮发水，色泽灰白。

（二）看豆芽根，自然培育的豆芽菜，根须发育良好，无烂根、烂尖现象。

（三）看豆粒，自然培育的豆芽，豆粒正常，而用化肥浸泡过的豆芽的豆粒发蓝。

（四）看折断的豆芽秆是否有水分冒出，无水分冒出的是自然培育的豆芽，有水分冒出的是用化肥浸泡过的豆芽。

30. 用流水洗菜即能去农药吗？

据报道，很多人买回蔬菜之后，因为担心其表面有农药，都喜欢将其放在水中或盐水中浸泡半个小时左右。这个方法果真有利于食品安全吗？

一项最新的研究给了我们答案，和直接清洗蔬菜相比，浸泡蔬菜会增加蔬菜中的亚硝酸盐。研究发现，用盐水泡蔬菜并不比加洗洁精然后用自来水漂洗去除农药的效果更好。

研究证明，用洗洁精洗过，然后再漂洗干净，蔬菜中的亚硝酸盐含量低于用清水浸泡20分钟的样品。研究认为，可能是因为浸泡是一种无氧状态，有利于提高硝酸还原酶的活性，降低亚硝酸盐还原酶的活性，从而提高亚硝酸盐在蔬菜中的含量。长时间的浸泡还可能让叶片破损，使营养成分损失。

刚刚采收的新鲜蔬菜亚硝酸盐含量微乎其微。而蔬菜在室温下储藏1~3天，其中的亚硝酸盐会达到高峰；冷藏条件下，3~5天达到高峰。菠菜、小白菜等绿叶蔬菜亚硝酸盐产生量特别大，冰箱储藏的效果远远好于室温储藏，黄瓜和土豆等蔬菜差异就没有那么明显。

冬储大白菜因储藏多日，其中的硝酸盐和亚硝酸盐含量反而有所下降，这可能是因为储藏过程中营养损耗或亚硝酸盐转化成了其他含氮物质。

第六篇

花卉篇

1. 家里摆放哪些植物可以吸收甲醛？

据研究表明龙血树、喜林芋、非洲菊、芦荟、吊兰和龟背竹等植物可以大量吸收室内有毒气体，是天然的清道夫，可吸收室内80%以上多种有害气体，尤其对于家具和装修材料所释放的甲醛、二甲苯、苯等有毒化学气体更是作用显著。比如芦荟可以吸收1立方米空气中所含的90%的甲醛。

2. 哪些植物不宜放置于室内？

兰花的香味会令人过度兴奋，引起失眠。紫荆花所散发出来的花粉如与人接触过久，会诱发哮喘症或使咳嗽症状加重。含羞草体内的含羞草碱是一种毒性很强的有机物，人体过多接触后会使毛发脱落。月季花所散发的浓郁香味，会使一些人产生胸闷不适，憋气与呼吸困难。百合花的香味也会使人的中枢神经过度兴奋而引起失眠。夜来香在夜间停止光合作用时，大量排出废气，会使高血压和心脏病患者感到郁闷，在晚上会散发出大量刺激嗅觉的微粒，闻之过久会使高血压和心脏病患者感到头晕目眩，郁闷不适，甚至病情加重。松柏类花木的芳香气味对人体的肠胃有刺激作用，不仅影响食欲，而且会使孕妇感到心烦意乱，恶心呕吐，头晕目眩。郁金香的花朵含有一种毒碱，接触过久，会加快毛发脱落。天竺葵会使一些人发生过敏反应。郁金香花朵含有毒碱，接触过久会使人头昏脑胀，并会使人的毛发脱落。玉丁香长期放室内，散发出的异味，有些人会引起气喘烦闷。接骨木放出的气味也会使人恶心头晕。有毒的花卉还有半夏、龟背竹、霸王鞭、虎刺、珊瑚花、青紫木、石蒜、黄蝉等。

3. 浇花的水有哪些，如何改变土壤pH值？

不同的花卉喜好的土壤pH值不同。如果想提高土壤pH值，一般浇灌残茶水，可以使土壤碱化；如果想降低土壤pH值，浇苹果皮、梨子皮、柑橘皮泡的水，可以使土壤酸化。

4. 风油精可以防蚜虫吗？

家庭栽培的花卉如果滋生蚜虫不建议使用农业药剂进行防治，采用风油精既可以防治虫害，又环保。风油精可以防止蚜虫和红蜘蛛，一般是按照500～600比例用清水对风油精进行稀释，采用喷壶对叶片进行喷洒。

5. 哪些植物可以防辐射？

防辐射植物是指能够吸收辐射的植物，仙人球、仙人掌、仙人指、量天尺等植物能吸收辐射并吸收二氧化碳，释放氧气。此外还有宝石花、虹之玉、玉扇、熊童子、星美人、黄丽、桃美人、景天等多肉植物。

6. 哪些植物可以驱虫？

夜来香，又名夜香树，原产美洲热带。叶片心形，边缘披有柔毛。每逢夏秋之间，在叶腋就会绽开一簇簇黄绿色的吊钟形小花，当月上树梢时它即飘出阵阵清香，这种香味，却令蚊子害怕，是驱蚊佳品。

薰衣草，是一种蓝紫色的小花。原产地为地中海，喜干燥，花形如小麦穗，通常在6月开花。薰衣草本身具有杀虫效果，人们通常把用薰衣草做成香包放在橱柜中，也有的把它放在卧室，用于驱蚊。

猪笼草，是典型的食虫植物，它长有奇特的叶子，并且顶端挂着一个长圆形的"捕虫瓶"，瓶口有盖，能开能关。猪笼草有几十种之多，不同种类，捕虫瓶的形状、大小和颜色也不一样。猪笼草可药用，对肝炎、胃痛、高血压和感冒等疾病有一定疗效，更是捕蚊高手。

天竺葵，天竺葵花团锦簇，丰满成球，南北各地都能适应。高温时节，摆放室外疏荫环境；寒冷时节，在明亮室内观赏。天竺葵具有一种特有的气味，这种气味使蚊蝇闻味而逃。

七里香，这是一种四季常绿的小灌木，外形呈伞房状，分枝多，叶小亮泽，花白繁密，开花后还能结红色浆果，为室内增加美感。摸其叶片，会感到浓浓的甜香味，驱蚊效果很好。

食虫草，是一种菊科草本植物，可长到1米高，花小黄色，一株达数百只花头，各花头的外围有黏液，就像五个伸开的小手指，很有趣。只要有小蚊虫落在上面便被粘住，之后，虫子尸体被其慢慢消化作为其生长营养。若有灰尘粘落上面数天后也被消化得无影无踪，摆放一盆在家中捉蚊又吸尘。

驱蚊香草，驱蚊香草散发的柠檬香味主要是有驱蚊功效的香茅醛、香茅醇等多种芳香类天然精油，达到驱蚊目的。

7. 香草的种类有哪些？

香草，正规的叫法为芳香植物，是具有药用植物和香料植物共有属性的植物类群，全世界有3 000多种，而薰衣草、迷迭香、百里香、藿香、香茅、薄荷、九层塔等为著名的品种。薰衣草、迷迭香、百里香、藿香等，是时尚一族的追逐对象，利用这些植物的萃炼物、干花叶，在SPA里面做芳香美容保健，咖啡馆茶室里喝香草饮料，或者随身携带香囊、香袋，颇为流行。这类香草，作为时尚的盆栽，又开始进入时尚的居室。

8. 如何延长鲜花的瓶插时间？

（1）清晨露水未干时剪取花枝。立即插入盛水的桶中，可使插花经久。

（2）从山野采摘的花枝，可用事先准备好的药棉或废纸包住折断处，浸湿药棉或皮纸装进食品袋，捆紧袋口携回，不让太阳晒着，这样可使插花经久。

（3）将花枝末端在灶火上烧焦，然后将烧焦部位浸入酒精里1分钟，取出用清水漂洗后插瓶。这样处理可防止养分下泄和插后枝条烂坏。

（4）对某些枝条硬而脆的花枝，插瓶前不要剪断，以免剪刀压坏导管，改用手折断，吸水力强，对延长花期有好处。

（5）在瓶中放0.1%的食盐可以防腐，放0.1%的食糖增加营养。

（6）可在瓶中放1/4 000的高锰酸钾或适当的硼酸、硫黄、石炭酸、水杨酸、维生素等，都有延长花期的作用。

（7）若在花瓶里放入一片阿司匹林，有延长花期的奇效。因阿司匹林经花枝吸水后，可促使叶子气孔闭合，减慢水分的蒸发。

（8）扩大吸水部位的面积，将鲜花茎端劈开或轻砸裂开，能增加吸水面积，从而保证或延长花朵的开放时间。

9. 如何制作干花？

（1）采集材料。一般在9—11点采集为好，采到的花草应立即处理，或放在阴凉处，以保持新鲜状态。

（2）材料处理。用来制作贺卡、贺镜的干花，需要准备好吸水纸、瓦楞纸、大铁夹、镊子等，先在瓦楞纸上铺2~3层吸水纸，再放一层花，这样放3层花草后，上盖瓦楞纸，四周用铁夹夹紧，放在炉子旁或暖气上烘干；用来做花枝的花草，如千日红、麦秆菊等，使其自然干燥。

（3）干燥时，先将花枝剪短，底部留1~2英寸（1英寸=2.54cm）。

（4）向容器内倒入2英寸厚的鲜花干燥剂，用手在中间做一"井"形洞，把花头朝上小心放入洞中，将鲜花干燥剂向花的底部归拢，使硅胶托住花瓣。

（5）用杯子装满鲜花干燥剂，慢慢将干燥剂倒进容器，让鲜花专用干燥剂把花朵埋藏起来（倒胶时要细心缓缓加入，使花瓣不要受到大的冲击力而改变自然形态）。

（6）2~3天后检查一下，如花瓣像干纸一样，即表明已经干燥好，否则需要再干燥一段时间（干燥时间不可过久，以免花瓣干燥过度容易破碎）。

（7）干燥好的花取出后用画画用的刷子细心将花瓣上残留的硅胶颗粒刷掉。

10. 什么叫做"干透浇透"和"见干见湿"？

给盆花浇水是养护管理方面的重要一环，也是养花成败的关键，"干透浇透"是应掌握的原则之一。

盆土上下全部干透时，才能浇水。浇水不能只浇湿半盆土，或只浇湿表土，那样做，叫"腰截水"，应将盆土上下全部浇透，见有水从盆底孔流出为好。盆花浇不透水，根尖就吸不到水，特别是用深盆种植的花卉，必然因浇水不透使生长大受影响。对于喜干怕湿涝的花卉，如腊梅、春梅、大丽花、天竺葵等，尤其要掌握好这个浇水原则。

"见干见湿"是应掌握好的原则之二。对于一些喜湿而又忌涝的花卉，如杜鹃、茶花、米兰、栀子花等，就要掌握和运用好这个原则。"见干"，不是说看见盆土表面发干变白了就要浇水，而是说整个盆土基本已干，但还不是干燥，这时再浇水，使盆土有干有湿，干湿相间。不能使盆土长期保持潮湿状态，因为那样，土壤中空气不流通，根系容易因窒息而腐烂。

根据花卉各种不同的生活习性，浇水时要因花而宜，切不可对所有花卉都一样对待。有的花卉如仙人掌类、松科类植物，它们喜干旱，浇水要"宁干勿湿"，要等盆土干透了，才可浇水，并且，水量要适当，不能使盆中积水。有的花卉如龟背竹、旱伞草、蕨类、富贵竹、绿巨人等，它们喜湿，耐大水，浇水可"宁湿勿干"，使盆土经常保持潮湿的状态，不能让其干旱脱水。

11. 水培植物的好处有哪些？如何养护？

水培植物不仅清洁卫生，病虫害很少，还可与数种花卉搭配，相互呼应取得类似插花的效果。水培多用观叶植物，在室内条件下有着广泛的适应性，大多数观叶植物性喜半阴、耐半阴，甚至在光照很差的条件下生长。观叶植物不会受花开花落的限制，能供四季欣赏，因此有"观叶胜于观花"的说法。

对于采用从盆栽转成水培的植物，先将植物的根清洗干净，不要伤了根系，放入容器后，水位不宜太高，否则对植物的呼吸有影响。初期水培的植物，因为刚下水根部不适应，会产生大量黏液，影响水质，所以要每天换水，等换下的水不再混浊了，可以一周左右换一次水，也可以直接往里面加水。植物刚下水要有一个适应期，这期间会出现烂根和黄叶等症状，这都是正常现象，及时将烂根清除、换水，等长出新根就可以进入正常的养护了，这时候可以施一些营养液，市场上有很多种，但不要太浓，否则伤害根系。一般情况下，盆中的栽培水过一两个月要更换一次，用生活中的自来水即可，盆水不宜太多，需要保留一定的根在空气中，根长度的70%在水中为宜。注意保护好根系，尽量要理顺，让根的大部分都能浸泡在水中。

12. 紫色的花海都是薰衣草吗？

紫色的花海不一定都是薰衣草。薰衣草是唇形科薰衣草属植物的通称，花期为6—8月，花语为"等你爱我"。有时候我们在景区观赏到一大片草本的紫色花海，会以为是薰衣草，其实有可能不是的，而是柳叶马鞭草和兰花鼠尾草。柳叶马鞭草为马鞭草科多年生草本植物，花紫色或淡紫色，聚伞状花絮。兰花鼠尾草为唇形科鼠尾草属多年生草本，长穗状花序，花小紫色。薰衣草为轮伞花序，具2~10朵花，多年生草本，由于茎（杆）木质化程度比较高而呈半灌木状或小灌木状。薰衣草的商业栽培除了观赏外还可以做干燥花、香料、提取精油等。

13.室内花卉植物如何换盆?

换盆也叫翻盆,随着花卉植株逐渐长大,需要将花卉由小盆移到较大的盆,这个过程叫做换盆。凡是养花,都会遇到换盆的问题。比如从地栽换为盆栽,从小盆换为大盆,从普通土盆换为带釉瓷盆等,掌握好换盆的技术方法是花木成活、正常生长发育的关键。

(1)使用新盆前的技术处理。凡用新盆换盆或养花前,都应先放在清水中浸泡一昼夜,刷洗、晾干后再使用,以除去燥性和碱性;如使用旧盆,一定要先消毒、杀菌,以防止带有病菌、虫卵,方法是先将旧盆放在阳光下暴晒4~5小时后,喷洒1%的福尔马林溶液密闭1~2小时,晾5~6小时再用清水洗净,洗时用刷子内外刷洗干净,清除可能存在的虫卵等。

(2)选择相应口径的花盆。应根据植株大小选用花盆,要求花木植株冠幅多大就选用多大口径的花盆。有人为节省小盆换大盆的麻烦,常喜欢用大盆养小花,这样做是不对的,对花卉生长十分不利。因为花小需要的肥水少,而盆大土多,不仅是浪费,而且往往不易掌握水肥量,反而影响了花卉的正常生长,还会出现营养过剩而生长慢,难以开花的现象。

(3)花盆底部的处理。上盆前,要先将花盆底部的排水孔用1~2块碎盆片盖上,使呈"人"字形,使排水孔"盖而不堵,挡而不死",遇到水分过多时能从碎盆片的缝隙中流出去,避免盆内积水造成根系窒息,生长不育或死亡。换栽君子兰、兰花、郁金香等名贵花木，盆底除多垫几块碎盆片外，还应垫些煤渣或小碎石块，以增加排水能力，解决通气性等问题。

（4）正确地栽植花木。花卉植株必须放入盆中央，踏实扶正后四周慢慢加入营养土，加到一半时轻轻压实，使植株与土紧密结合。对不带团的花木，当营养土加到一半时应将植株轻轻向上悬提一下，使根系伸展，然后一边加土一边把土压紧，直到距离盆沿2~3厘米为宜。花木栽好后，浇一次透水后，放置阴凉处半个月左右，等花木逐步恢复生机适应盆土环境后，再移到有阳光的地方转入正常管理。

14. 木槿花可以吃吗？

木槿花是一种食用花卉，福建汀州人用木槿花和稀面、葱花，下锅油煎、松脆可口，俗称"面花""花煎"。徽州山区的居民用木槿花煮豆腐吃，味道十分鲜美可口。木槿花味甘性凉，食之可清热利湿凉血，排毒养颜。木槿花蕾，食之口感清脆。完全绽放的木槿花，食之滑爽。木槿花的营养价值极高，每100克食用部分含有蛋白质1.68克、脂肪0.19克、总酸0.38克、粗纤维1.4克、干物质10.3克、还原糖2.10克、维生素C 24.6毫克、氨基酸总量1.19克、铁0.8毫克、钙60.6毫克、锌0.30毫克，并含有黄酮类活性化合物及黏液质。木槿花的花粉，营养价值更高。

15. 能看又能吃的花有哪些？

有一些花不仅可以放在家里用来观赏，还能摘下来吃。

羽衣甘蓝这种花的外形看上去有一点像生菜，是可以拿来食用的。羽衣甘蓝可以用来做凉拌菜和沙拉,也可以当配菜,像炒鸡蛋、炒肉等都是可以的。

我们可以在家里种一些紫叶生菜,不仅可以生吃,而且还可以用来卷饼或者做沙拉食用,据说紫叶生菜还有很好的减肥效果。

牡丹花不仅可以用来泡茶,还可以用来炒菜。除此之外牡丹凭借着独特的造型,还被做成了各种各样的美食或者搭配食用。

16. 常饮花茶养生吗?

花茶是由精制茶坯与具有香气的鲜花拌和,通过一定的加工方法,促使茶叶吸附鲜花的芬芳香气而成。饮花茶不仅是一种乐趣,而且可以保健祛病。下面介绍常见的5种花茶。

玫瑰花,性微温,并含有丰富的维他命,具有活血调经、疏肝理气、平衡内分泌等功效,对肝与胃有调理作用,并能消除疲劳、改善体质,适于春季饮用。此外,还能有效缓解心血管疾病,并能美容养颜,有助改善皮肤干枯,去除皮肤上的黑斑。

蒲公英,又名黄花地丁,促进消化、催乳、清血、强健肝脏、利尿,改善胆石、便秘、青春痘、畏寒、气喘。可清热毒、化食毒、消恶肿。现代医学研究表明,蒲公英植物体中含特有的多种健康营养的活性成分,同时含有丰富的微量元素。其钙的含量为番石榴的2.2倍、刺梨的3.2倍,铁的含量为刺梨的4倍,更重要的是其中富含具有很强生理活性的硒元素(Se)。

茉莉花茶在各种花草茶中,香气最为醇厚,是春季饮茶之上品,有"去寒邪、助理郁"的功效。喝茉莉花茶除了可以安定情绪、振奋精神,还能健脾化湿、减轻肠胃不适及和胃止痛,对女性的生理、生殖机能也有帮助，并能滋润肌肤、养颜美容、缓解痛经。

金银花茶，其性味甘寒，具有清热解毒、疏散风热、消肿止痛的功效。因春季风气善行，易外感风邪，金银花茶正可缓解春季常见的上呼吸道感染、流行性感冒、扁桃体炎、牙周炎等病症，对疖痈、肠炎也有缓解之效，有助凉血止痢、利尿养肝。

菊花具有养肝平肝、清肝明目的功效，特别适宜春季饮用。同时，还可排毒健身、驱邪降火、疏风清热、利咽消肿，对体内积存的有害化学物质或放射性物质有抵抗、排除的功效。同时菊花茶还能抑制多种病菌，增强微血管弹性，减慢心率、降低血压和胆固醇，并有利气血、润肌肤、养护头发的美容之效。另可配合枸杞同服，更能增强养阴之力。

17. 什么是植物精油？

精油是从植物的花、叶、茎、根或果实中，通过水蒸气蒸馏法、挤压法、冷浸法或溶剂提取法提炼萃取的挥发性芳香物质。精油又分稀释的（复方精油）和未经稀释的（单方精油）。精油的挥发性很强，一旦接触空气就会很快挥发，也基于这个原因，精油必须用可以密封的瓶子储存，一旦开瓶使用，也要尽快盖回盖子。精油具有亲脂性，很容易溶在油脂中，因为精油的分子链通常比较短，这使得它们极易渗透于皮肤，且借着皮下脂肪下丰富的毛细血管而进入体内。精油是由一些很小的分子组成，这些高挥发物质，可由鼻腔黏膜组织吸收进入身体，将讯息直接送到脑部，通过大脑的边缘系统，调节情绪和身体的生理功能。每一种植物精油都有一个化学结构来决定它的香味、色彩、流动性，也使得每一种植物精油各有一套特殊的功能特质。目前市场上比较受欢迎的精油有玫瑰精油、薰衣草精油、茉莉精油、洋甘菊精油、天竺葵精油等。

18. 如何防止盆花土壤板结？

土壤板结，是指土壤表层因缺乏有机质，干燥后受内聚力作用使土面变硬，不适于花卉苗木及农作物生长的现象。

第一，根据花卉习性合理配制培养土。培养土结构的好坏，是养各类盆花的关键。一般可用黄沙、煤渣、稻糠灰来进行调整培养土的疏松性。

第二，慎用自来水。严格禁止直接用未处理的自来水浇花。这是因为新鲜的自来水中含有的漂白粉及氯气，可以使盆土板结，甚至导致盆土的盐碱化。最好是用隔天贮存的自来水，可以大大减少盆土板结的概率。

第三，经常松土。盆土长期不松也会导致盆土板结。特别是大雨后，在盆土表面干时就要行松土，然后再浇水。这样，能保持盆土的透气性，而且能提高根系的吸收能力。

第四，尽量少使用化肥。过量地使用化肥导致土壤板结。有机肥在不断的转化分解过程中，会使盆土产生空隙。这些空隙不仅能缓慢地给花木提供养分，而且还能起到使土壤疏松的作用，从而增强盆土的透气性。所以，应尽量少使用化肥，多用有机肥。

19. 简单实用的家庭养花浇水小方法有哪几种？

（1）草本多浇，木本少浇。草本类花卉根系浅，吸收水分能力差，体内需水量多，叶面蒸发快，故浇水应多而勤。夏天除每天浇水外，还应叶面喷水。木本类花卉根系入土深，分布面广，吸水力强，浇水量可适当少些，夏天一般隔日浇水1次即可。

（2）沙质土多浇，黏质土少浇。沙质土疏松，保水性差，宜适当多浇水。黏质土紧实，保水性好，透气性差，浇水不宜过多过勤。

（3）叶大质软的多浇，叶小有蜡的少浇。叶片越大，质地越软，水分越易蒸发，就应多浇些水。叶小有蜡质的花卉叶面水分蒸发慢，可适量少浇，保持盆土不过于干即可。

（4）湿生花卉多浇，旱生花卉少浇。龟背竹、吉祥草、唐菖蒲、旱伞草等湿生花卉应多浇水。而仙人掌类、玉莲花、南天竹、紫薇、剑麻等旱生花卉要少浇水。

（5）天热多浇、天冷少浇。

（6）旺盛期多浇，休眠期少浇。花卉生长旺盛期需要大量的养分和水分，故应结合施肥多浇水、勤浇水。花卉休眠时，生长趋于停滞，需水量很少，应严格控制浇水。

20. 花卉容易发黄的原因有哪些？

（1）浇水过多，盆土长期过湿，造成土中缺氧，使部分须根腐烂，阻碍正常呼吸和水分养分的吸收，引起叶片变黄脱落。受害后先是嫩叶变成淡黄色，继而老叶也渐渐发黄，应立即控制浇水，暂停施肥，并经常松土，使土壤通气良好。

（2）干旱脱水。养花漏浇水或长期浇半腰水（即上湿下干），影响养分吸收，也易引起叶色暗淡无光泽，叶片萎蔫下垂。先是下部老叶老化，并逐渐由下向上枯黄脱落。此时需少量浇水并喷水，使其逐渐复原后再转入正常浇水。

（3）长久脱肥。长期没有施氨肥或未换盆换土，土中氮素等营养元素缺乏，导致枝叶瘦弱，叶薄而黄。需及时倒盆，换入新的疏松肥沃的培养土逐渐增施稀薄腐熟液肥或复合花肥。

（4）施肥过量。施肥过多就会出现新叶肥厚，且多凹凸不平，老叶干尖焦黄脱落，应立即停止施肥，增加浇水量，使肥料从盆底排水孔流出，或立即倒盆，用水冲洗土坨后再重新栽入盆内。

（5）蔽荫过度。若将喜阳光的花卉长期放在庇荫处或光线不足的地方，就会导致枝叶徒长，叶薄而黄，不开花或很少开花。需注意将花盆移至向阳处。

（6）水土偏碱。北方多数地区土壤及水中含盐碱较多，栽植喜酸性土花卉，如杜鹃、山茶、含笑、栀子花、兰花、白兰、桂花等，由于土中缺乏可被其吸收的可溶性铁等元素，叶片就会逐渐变黄。栽植时要选用酸性土，生长期间经常浇矾肥水。

（7）密不通风。若施氮肥过多，枝叶长得过于茂盛，加上长期未修剪，致使内膛枝叶光线不足，容易引起叶片发黄脱落。应合理施肥并加强修剪，使之通风透光。

（8）空气干燥。室内空气过分干燥时，一些喜湿润环境的花卉，如吊兰、兰花等往往会出现叶尖干枯或叶缘焦枯等现象。应注意采取喷水、套塑料薄膜罩等方法增加空气湿度。

（9）温度不当。冬季室温过低，对于性喜高温花卉常易受到寒害，因而导致叶片发黄，严重时枯黄而死。若室温过高，植株蒸腾作用过盛，根部水分养分供不应求，也会使叶片变黄。应请注意及时调整室温。

（10）土壤偏酸。南方红壤土偏酸，镁元素等易流失，栽种耐碱或喜微碱性土的花木，如夹竹桃、黄杨、迎春等，常易出现老叶叶脉间失绿发黄现象。可施钙镁磷肥或喷洒硫酸镁溶液。

21. 家庭种植芦荟有什么好处？

芦荟含有丰富的凝胶多糖和愈伤酸，不仅能去痘印，其实对于小伤口，轻微的烧伤和冻疮留下的疤痕芦荟胶都有很好的修复愈合作用，它能够软化皮肤，提高细胞活力。在家里种一盆芦荟不仅能净化空气，被蚊虫叮咬后，掰下一瓣芦荟涂抹在皮肤上，既止痒又不担心有激素。

芦荟其实也可以当作一种食材来炒着吃，具体做法是先要将芦荟外面的皮撕开，然后将芦荟切成条状，用开水迅速将其烫一下，沥干水分取出，等锅中的油热起来之后加入芦荟爆炒1分钟，最后根据个人的口味适量加入白醋、盐、白砂糖。一道美味的菜品就新鲜出锅了。吃过的人都赞不绝口，不过记住芦荟不要吃得太多，否则有可能会导致中毒现象。

22. 家庭如何自制生根剂？

（1）米醋水溶剂。选质量较高的米醋，与凉开水按1∶100比例配成米醋水溶液，适宜浸泡如葡萄等果木插穗，使用时将插条下部置溶液内浸泡8~12小时后取出扦插，能显著提高成活率，使扦插苗长得更快更壮。

（2）阿司匹林溶剂。用0.01%的阿司匹林溶液浸泡插条，发芽率可明显提高，用0.05%的阿司匹林溶液浸泡移栽苗木，能缩短缓苗期，防止苗木干枯，提高成活率。

（3）维生素B_{12}溶剂。取医用维生素B_{12}针剂加凉开水1倍稀释，将插条剪口下部置于稀释液中浸泡5分钟再扦插。既可促进根系生长，又可促进组织愈合。

（4）柳枝浸出剂。柳树液是很好的一种植物生长剂，它的液体中富含生长激素，用它来当生长剂即不伤害植株，又生根快。

具体做法：取柳树枝叶若干，枝条用榔头砸碎，然后浸入水中，一天后将枝叶捞净，其水即为柳树浸出液。第二天即可将插条浸入，浸泡1天左右（时间长些也无妨，柳树液有抑制细菌繁殖的成分），然后按常规扦插。发根快且多，植株生长健壮。

（5）蔗糖溶剂。取蔗糖用开水冲成5%~10%的蔗糖溶液，自然冷却后，将较易生根的月季、无花果、枸杞、一品红等花卉插穗基部浸入糖液4~6小时后扦插。处理生根较慢的插条，糖溶液浓度还需加倍（糖液浓度越高，浸泡时间越短）。

（6）蜂蜜水溶剂。花卉无性繁殖时，通常应用生长激素促进扦插生根。如没有生长素，可将插条在蜂蜜中蘸一下，然后扦插，能提高成活率，促进生根。

（7）高锰酸钾溶剂。将插枝基部放在0.1%~0.5%的高锰酸钾溶液中浸泡10~12小时，取出后立即扦插。

23. 如何在家制作简单的氮、磷、钾肥？

（1）氮肥是养花过程中不能缺少的肥料，主要的作用是加强营养生长，促使枝叶茂盛。制作方法：大家可以将霉掉的豆类、花生米、瓜子，拣剩下来的菜叶、豆壳、瓜果皮或过期变质的奶粉等敲碎煮烂，放在小坛子里加满水，再密封起来发酵腐熟。为让其尽快腐熟，可放置在太阳照射处，增加温度。当坛内的这些物质全部下沉，水发黑、无臭味时（需3～6个月），说明已发酵腐熟。夏季，10天后即可取出上层肥水，记得要稀释后使用。

（2）磷肥能使树木茎枝坚韧，促使花芽形成，花大色艳，果实早熟，并能使树木生长发育良好，多发新根，提高抗寒、抗旱能力。制作方法：鱼刺、骨头、鸡蛋皮、淡水鱼的鱼鳞，倒入缸内并加入适量金宝贝发酵剂（厌氧型）后加入少量水，密封，经过一段时间的腐烂发酵便可掺水使用。适当的磷肥可以让花朵鲜亮，果实饱满。

（3）钾肥能增强植物对各种不良状况的忍受能力，如干旱、低温、含盐量、病虫害、倒伏等。制作方法：喝剩下的残茶水、淘米水、泔水和草木灰水，洗牛奶瓶子水等都是上好的钾肥，可直接用来浇花。

24. 发财树怎么养？

发财树在室内常作为桩景式盆栽观赏，之所以被中国人称为发财树，主要是因为发财树的叶形是掌叶状，小叶7～11枚，是长圆至倒卵圆形，形似钱币。

发财树喜爱在温度高、湿度高的气候下生长，是强阳性植物，但耐阴能力也较强，放于室内光线较弱处持续2~4周后转放于强光处照射即可。在气温高时，发财树需要大量水分浇灌，可以通过向叶面喷洒来湿润。发财树喜肥，含大量钾元素的肥都适合，生长期每隔半月施用一次，促进根深叶茂。发财树生长迅速，每一到两年需要换盆，换盆时间选择在春季较宜。由于发财树是喜爱高温高湿的植物，所以在寒冷干燥的冬季，需要对它进行额外的关照，使发财树不仅能平稳过冬，还要保证它的叶片不变黄、不掉落。

25. 绿萝养植中需注意什么问题？

（1）绿萝什么时候换盆。只要温度合适，绿萝一年四季都在生长，所以和月季等花卉的换盆不同，不需要考虑时间，不过最好不要在夏季的中午换盆，可以选在傍晚换盆，这样换盆后浇透水，经过一夜的缓苗，很快可以恢复。

（2）绿萝换盆用什么土。因为绿萝生长快，所以对养分的需求也高，有条件的花友，建议选择肥沃的营养土或者泥炭土也可以，当然绿萝是一种不挑剔的植物，手头自己配的土也是可以的，只要透水性好就可以了。

（3）绿萝什么时候扦插。很多花友喜欢随手剪一节绿萝扦插，绿萝扦插一般一年四季都可以进行，但是我国气候北方冷，有暖气的无所谓，如果是南方地区没有暖气，冬季温度又不高，那最好不要扦插，可以等天气暖和了进行。

（4）绿萝什么季节换盆。这个问题和前面的绿萝什么时候换盆，基本一样，只要养护环境温度不低，一年四季都可以进行。

26. 家庭养花一定要用土吗?

现在很多家庭养花都不再用土壤了,一个是土壤会比较麻烦,容易滋生各种虫子或者细菌,再者,裸露在外的土壤有时候会影响到欣赏价值,看起来没有那么美观。那现在家庭养花喜欢用什么呢?当然是水培。今天我们就来聊聊水培植物。

水培植物是一种新型的室内盆栽栽种方式,也叫做营养液培。就是改变传统的植物土培方式,用营养液或者是用水来种植。最常见的就是玻璃瓶水培,透明的玻璃瓶可以直接看到植物根系的生长状况。我们只需要将植物的一节放到玻璃水瓶中,过一周左右便可以生根发芽。隔着透明的瓶子见证一棵植物的生长,也是一种享受。记得要每个月换一次水。

还有一种水培方法,家里边有小孩的一定见过水晶土,它和小朋友们玩的"海绵宝宝"是差不多的。加入水就会长大,我们要在种进水里之前将植物的根部清理干净,然后就可以种植了。但是这种方法有一个特别需要注意的地方,就是盆底部不能长期有过多的积水,不然会影响植株的生长。

再为大家推荐一些适合水培的植物。铜钱草的生命力特别顽强,种到水里长得特别快,所以就特别适合水培。还有发财树、富贵竹、红掌、白掌等,这些植物种在水里既美观,寓意又好,何乐而不为呢?

27. 养过花的泥土需要消毒后再使用吗?

老实说旧土经过处理后继续用来养花是可以的,但效果不理想,也不应该提倡,特别是养花新手建议不要使用这种办法,否则会得不偿失。其实旧土的处理过程也比较繁琐,有的环节不到位就会失败。如果你想试一下这种方法,下面这几个环节必须要做好。

(1)简单的——日光消毒法。如果处于夏季,将替换下来的土壤放在地面上薄薄的摊开,在烈日下进行暴晒,两三天为佳。一般的盆栽花卉均使用这种方法。这种方法可杀死旧土中大量的病菌、害虫的虫卵。

(2)方便的——药剂消毒法。将84消毒液在水中稀释,浓度控制在2%~3%。将稀释过的药水倒入喷雾器里,一边喷洒一边翻动土壤。或者在土壤中均匀洒上40%的福尔马林溶液,盖上塑料袋密封,放置两天后,就能使用了。

(3)麻烦一点的——加热消毒法。将需要消毒的土壤放在容器中,用微波炉加热消毒,或者放入高压锅或者是一般铁锅内,蒸煮半小时左右就可以了。这种消毒方法适合花卉扦插、播种等使用。

28. 家庭如何自制简单防治花卉病虫害药剂?

(1)烟草。具有胃毒、触杀和熏蒸作用,由于渗透力强,可使害虫神经麻痹中毒死亡。用法是用烟叶梗或吸剩的烟头(除去过滤嘴),加水50~60倍,浸泡一昼夜,过滤后喷洒,可防治蚜虫、红蜘蛛和初孵介壳虫。

(2)风油精。将风油精稀释600~800倍液,可防治蚜虫、介壳虫、蛾蝶类幼虫;400~600倍液的风油精可防治红蜘蛛。

(3)蚊香。将点燃的蚊香挂在花卉植株上,并用塑料薄膜密封后熏约10钟,可杀死粉虱类害虫。

（4）肥皂水。取一般肥皂水，或用剩下的肥皂碎头薄片用热水化开，按1∶60比例加水，冷却后喷洒，可防治蚜虫、红蜘蛛。如果在肥皂水内浸泡烟头（除去烟灰），除了能提高防治蚜虫、红蜘蛛效果外，还能兼治蓟马、粉虱、叶蝉。但肥皂水不能长期使用，会造成盆土碱化。

（5）洗衣粉。对害虫有较强烈的触杀作用。洗衣粉溶液可溶解害虫体表的蜡质层而渗入虫体内，堵塞害虫体表气孔，使之窒息死亡。用法是：200～300倍液可防治叶蝉，600～800倍可防治红蜘蛛、蚜虫、介虫类。应选中性洗衣粉使用。

（6）大蒜液。取大蒜0.5千克，捣成细蒜泥，加水12千克，搅成浆状，浸泡过滤后喷洒在地面或盆土表面，可防治蚂蚁或蚯蚓。如果需要的量不是那么大，可以根据需求按比例减少分量。

（7）大葱液。取大葱叶1千克，晒干研成粉末加入7.5千克水，浸泡过滤后喷洒，可防治蚜虫和蜗牛。

（8）圆葱液。取圆葱头20克，捣成细泥状，加入1 000毫升水浸泡24小时后过滤喷洒，可防治红蜘蛛、蚜虫。

（9）花椒水。取花椒100克，加水3千克煮沸，冷却后喷洒可防治介壳虫。

（10）食醋。将瓶装食醋对水5～6倍液喷洒，每隔3天喷一次，可防治介壳虫。

29. 家庭养花如何避免花卉之间"相杀"？

植物生长也会相克，这几种绿植不能一起养，家里养护要注意。

铃兰和水仙，这两种花都有着独特的香味，而它们相克的点就是两种香味的碰撞。分开养的话，它们都是味道很好闻的小清新。但是放一起后，铃兰的香味会开始攻击水仙，让水仙停止生长，而水仙的香味也会同时攻击铃兰。到了最后两种就双双枯萎，从而造成不可回转的后果。

玫瑰花和木樨草在一起，前者排挤后者，使其凋谢；而木樨草在凋谢前后又会放出一种化学物质，使玫瑰中毒死亡。

绣球和茉莉、大丽菊和月季、水仙和铃兰、玫瑰和丁香种在一起，会使双方或其中一方受害。

30. 家庭种植薄荷有哪些好处？

薄荷能够提炼出薄荷精油成分，而精油有很好的美容养颜作用，所以起到美容护肤的功效。在家里可以用薄荷洗头，头发会有一股清香的气味。也可以经常把叶子捣汁，敷在脸上，皮肤会越来越光滑。

薄荷种植在露台、阳台、庭院等地方有很多好处，首先，薄荷属于香草类，可以驱蚊虫，减少蚊虫害发生；其次，夏天可以用薄荷叶子泡茶喝，有清热解毒、提神解郁、镇定安神等效果；再次，薄荷可供观赏，可以作为庭院绿化背景材料。最后，薄荷可以用于食用，作为调料。

因薄荷的独特味道，新鲜叶片可含在口中，对改善口气有很明显的作用。另外新鲜叶片做冷饮比干叶或鲜叶做热饮口味要好，热饮有种烫熟的草味。口含叶片和做饮料配料都能清新口气。

第七篇

家畜篇

1. 如何分辨注水牛肉？

"一看二摸三按压"教你轻松分辨牛肉是否注水。"一看"是看牛肉的色泽，正常牛肉呈较深的红色，注水牛肉一般呈鲜红色，而且泛着多水的光泽；"二摸"是用手指摸牛肉表面，正常牛肉有轻微黏手的感觉，注水牛肉则比较滑；"三按压"是用手指按压牛肉，正常牛肉有弹性，压痕易恢复，注水牛肉则类似水肿的感觉，弹性不好，压痕难以恢复，有的甚至可以按压出水。此外，还可以用卫生纸贴在牛肉表面，如果5秒内卫生纸就湿了，说明是注水牛肉。

2. 为何牛肉可以吃七八分熟，但猪肉不可以？

一是寄生虫。牛肉中的寄生虫大多不传染人，虫卵也难以在人体存活，而猪肉中的猪肉绦虫会寄生在人体肠道，产卵后幼虫会穿过肠壁进入腹腔，而后寄生在腹腔、横纹肌、肾、脾、肺、心肌、舌肌、淋巴组织、眼部或脑部，引发囊虫病。眼部感染会造成视网膜病变，严重的可以导致失明；脑部感染可能引发脑水肿，甚至死亡。二是口感的影响。牛肉七八分熟，口感更好，全熟时难以咀嚼，而半生的猪肉会有腥味，还是全熟比较香。

3. 如何分辨用猪肉加牛肉膏做成的"假牛肉"？

"一看二闻三摸四品尝"帮助辨别用猪肉加工的"假牛肉"。

一看：看色泽，牛肉颜色较猪肉颜色深、更红，肉质比较有光泽，而"假牛肉"颜色相对略浅，肉色不均匀，且黯淡无光。

如果是熟食，牛肉遇热油后发白，而浸泡过牛肉膏的猪肉遇热油后表面发黄。

二闻：闻气味。牛肉闻起来有特殊的牛腥味，"假牛肉"闻起来会感觉怪怪的，如果是不新鲜肉做的还会有腐败的味道。

三摸：牛肉比较坚实，猪肉比较软；牛肉比较难切开，而猪肉容易切开；牛肉切面肌纤维纹理比较粗，猪肉肌纤维比较细；牛肉弹性好，按压回复性好，猪肉较平滑疏松，弹性差。

四品尝：牛肉比较有嚼劲，"假牛肉"肉质松散，味同豆腐渣。

4. 为何经常健身的人需要多吃牛肉？

健身的人多吃牛肉，一是健身文化的影响。健身来源于西方，西方食物中以牛肉和鸡肉为主，因此，健身的人多吃牛肉而不是猪肉。二是牛肉营养成分多蛋白少脂肪，有利于肌肉生成，而猪肉相对脂肪含量高。

5. 常吃"瘦肉精"喂食的猪肉有何危害？

瘦肉精不是单纯的一种药物，而是一类药物的统称，任何能抑制动物脂肪生成，促进瘦肉生长的物质都可以称为"瘦肉精"。常见的有盐酸克伦特罗、莱克多巴胺和沙丁胺醇等。此类物质都是β-兴奋剂，可以用来治疗支气管哮喘、肺气肿等疾病，可以造成人体的代谢紊乱，出现恶心、呕吐、呼吸加速、心跳加快、体温升高等症状，严重的出现心律失常、四肢及颈部肌肉震颤，甚至导致死亡。

6. 黑山羊肉真的比白山羊肉更好吃、更营养吗？

黑山羊肉确实比白山羊肉更好吃、更营养。因为饲养环境和方式不一样，黑山羊一般在山地等环境好的地方饲养，多为放养，运动量比较大，因此肌纤维细、硬度小、肉质细嫩、膻味极小，味道更鲜美。而白山羊圈养比较多，肉质肥美，有一定的膻味，肌纤维相对较粗软一些。黑山羊肉营养价值高，蛋白质含量在22.6%以上，脂肪含量低于3%，胆固醇含量低，比猪肉低75%，比牛肉和绵羊肉低6.2%，白山羊脂肪含量相对较高一些。

7. 为何冬季适合吃羊肉？

羊肉是适宜于冬季食用的，被称为冬令补品，羊肉性热，冬季吃羊肉可以御寒强体。《本草纲目》说："羊肉能暖中补虚，补中益气，开胃健身，益肾气，养胆明目，治虚劳寒冷，五劳七伤。"羊肉是可以作为一味中药来看待的，有养血补虚的功效，适合虚寒体质的人食用，而热性体质的人则不可多食。

8. 吃猪油会增加心脑血管疾病风险吗？

猪油是用猪的脂肪提炼而成的，属于动物性油脂，许多人惧怕动物性油脂中的高脂肪、高胆固醇，从而谈猪油色变，一滴猪油都不敢碰。其实不然，人体要维持正常的生理机能是需要一定的体脂和胆固醇含量的，适量的体脂可以固定内脏缓冲震动，有利于维持内脏的正常位置，防止内脏下垂等疾病，而胆固醇对维持视力、修复视网膜有良好的作用，适当地食用猪油还可以增加血管壁弹性，延缓动脉硬化过程。当然，过量地食用动物性油脂也增加身体负担，过多的脂肪在体内沉积会成为一些心脑血管疾病的隐患。所以，适量猪油保健康，过量猪油伤身体。

9. 狗真的是先毒死，再宰杀的吗？

合法途径的狗肉是通过正常的方式宰杀的，传统杀狗的方式有溺亡、缢亡和击打头部致死等。但是在利益的驱使下，一些不法商贩图省事，采取毒杀的方式宰杀，甚至猎杀和毒杀宠物狗，谋取暴利。因此，在购买狗肉时要仔细识别。

10. 吃猪血真的能清肺吗？

人体吸入的粉尘通过呼吸系统进入肺部，但是我们吃进去的动物血处在消化系统，消化道和肺部是互不相通的，因此无法清除肺内的粉尘。但猪血有解毒的作用，可以清肠胃。

11. 如何识别母猪肉？

一看皮：母猪肉的皮一般较厚，皮面上的毛孔比普通猪大，小腿部皮肤的皱褶明显。

二看乳房：母猪的乳头比普通肥猪的长、细、大。乳房凸出明显，用刀横切乳头时可看到有乳汁渗出。

三看猪肉：正常的猪肉呈粉红色，母猪肉则呈暗红色或黄色。

四看膘：母猪的脂肪组织色黄、干涩，并与肌肉分离；而肥猪肉的脂肪则密而细嫩、色白。

五看骨：母猪的排骨弯曲度大，背脊骨筋凸出。

六看骨髓：母猪的骨髓呈污红色，且有黄色油样的液体向外渗。

七看猪肚：母猪的肚子比肥猪肚子要大。

八看猪头：母猪头比较大，嘴巴长，嘴两边有较长的獠牙。

12. 母猪肉可以在市场上销售吗？

母猪肉是可以销售食用的，但是应标明是母猪肉，否则就有欺诈消费的嫌疑。

13. 猪肉皮上的检疫章色素可以食用吗？

猪肉皮上的检疫章是由动物检疫部门统一加盖的，有检疫章的猪肉是通过了动物检疫可以放心购买食用的猪肉，一般有红、蓝两种颜色，但是检疫章染液色素能不能食用、对人体有没有害呢？检疫章染液的成分是可食用食品兰或食品红、甘油、食用酒精和水配制而成，是由农业农村部指定生产的，为无毒无害的产品。

14. 吃动物的脑子真的能使人变聪明吗？

常说的吃动物的脑子是指吃动物的脑髓，脑髓中含有蛋白质、脂肪、多糖等多种成分，营养丰富，可以补充多种营养物质，但是，吃脑髓和吃动物的肉作用差不多，不存在使人变聪明的说法。

15. 吃猪皮真的能补充胶原蛋白吗？

猪皮中的确含有丰富的胶原蛋白，但吃猪皮对补充人体皮肤的胶原蛋白的作用很小。因为人体所摄取的所有物质都会经历消化的过程。猪皮含有的胶原蛋白被消化以后，会转变成各种氨基酸被人体利用，其中的胶原蛋白并不是被直接利用。此外，胶原蛋白中严重缺少色氨酸，是典型的非优质蛋白质。因此，吃猪皮能补充胶原蛋白美容的说法并不正确。真正发挥作用的是机体自身的胶原蛋白，跟口服的胶原蛋白没有太大的关系。而且保养皮肤不仅仅只靠补充胶原蛋白，还要补充足够的维生素、锌、铁等多种营养素，以促进血液循环，维持激素水平，维持肤色光泽。

16. 土猪肉比洋猪肉更有营养吗？

土猪肉比洋猪肉香，这主要由猪品种、饲料和饲养方式等多种因素决定的。土猪肉肉质更细腻柔软，这主要跟养殖周期长、吃青草粗粮、运动量比较大等有关，而且土猪肉的脂肪含量较高，自然也就会有更加细嫩多汁的口感。此外，土猪肉在持水性、脂肪酸和氨基酸构成等方面，也有着一定的优势。洋猪吃复合饲料，营养更全面，长肉比较快，瘦肉率高。不管是哪种猪肉，在营养和口味上都不会相差太大，而选购猪肉最重要的还是"安全"。无论是哪种猪肉，都应该选择正规厂家、检疫合格的猪肉。

17. 骨头汤真的能补钙吗？

钙有两种存在形式，一种是固体钙盐结晶，很难溶解；另一种是无定型钙盐。骨头中的钙是以第一种形式存在的，再怎么炖也很难溶解。有实验表明，500克猪骨加上1 500毫升水再加1 150克醋，炖出来的骨头汤含钙量仅为35毫克/千克，而普通纯牛奶的钙含量是1 040毫克/千克，所以骨头汤补钙的作用微乎其微。

18. 吃猪肝对眼睛好吗？

肝脏是动物体内储存维生素A的重要器官，吃猪肝可以较快地帮助人体获得维生素A，维生素A能维护角膜的正常结构，维持视网膜的正常功能，可预防夜盲症和干眼病等，所以，吃猪肝确实对眼睛好。但是猪肝也不宜多吃，因为肝脏是机体的解毒器官，容易有重金属残留，而且维生素A过量可能导致骨骼生长异常，孕妇维生素A过量甚至可能导致胎儿发育异常。据科学研究，人每天吃一口猪肝就可以满足维生素A的需求。

19. 合成牛排和原切牛排有什么区别？

合成牛排是用牛肉拼接黏合而成，原切牛排是直接从牛身上切割下来的。原切牛排原料只有牛肉，而合成牛排则由牛肉、胶类和一些其他配料拼接而成，合成牛排一般都是圆形，而原切牛排形状不规则。一般来说，原切牛排比合成牛排贵。二者手感不同，合成牛排用手指容易掐坏；颜色不同，原切牛排颜色鲜亮有光泽，合成牛排则呈乌红色无光泽；口感不同，合成牛排是碎肉加工而成，口感相对细嫩，但牛肉香味不浓。

20. 猪肉为什么有股膻味？

猪是杂食性动物，猪肉的膻味大小和猪的饲料息息相关，如果猪多食垃圾或者饲料中加入了羊奶等膻味大的物质会导致猪肉膻味大。还有猪圈卫生环境差、用生食喂养，或者猪肉里有残留的血水或者淋巴，膻味也会比较大。还是选择膻味正常的猪肉相对安全和健康。

21. 牛肉为什么是发物？

发物是指富于营养或有刺激性特别容易诱发某些疾病（尤其是旧病宿疾）或加重已发疾病的食物。在通常情况下发物也是食物，适量食用对大多数人不会产生副作用或引起不适，只是对某些特殊体质以及与其相关的某些疾病才会诱使发病。牛肉不太容易被消化吸收，对于大病初愈的人来说，吃牛肉会增加消化吸收的负担，不利于身体的恢复；牛肉性热，一些热症实症患者和热性体质的人不宜多吃。所以吃牛肉会不会发是因人而异的，不能一概而论。

22. 为什么羊肉有膻味？

羊肉的膻味一方面和羊的消化系统有关，羊是反刍动物，胃里有大量的微生物，在消化脂类物质的过程中会产生挥发性脂肪酸，羊的挥发性脂肪酸会形成稳定的络合物，进入肉里形成膻味。另一方面是因为羊在犄角基部与尾部会分泌一种有强烈气味的物质，这种物质与上面的挥发性脂肪酸混合后会导致羊的膻味更加浓烈。

23. 牛奶、羊奶哪个营养更好？

单从动物奶类方面来看，牛奶和羊奶并没有很大的区别，都是含有比较优质的蛋白质、脂肪、钙等矿物质，但是羊奶比牛奶的营养略高一些，羊奶中维生素A高于牛奶、蛋白质更易被吸收且不易引起过敏，牛奶比羊奶能更好的补充钙质，适合想要补钙的人群食用，但是却容易引起牛奶过敏、乳糖不耐受症、上火等现象；而羊奶也缺乏叶酸、维生素C和铁质含量低，用鲜羊奶比用鲜牛奶喂养婴儿更易引起营养性贫血。因此，牛奶和羊奶哪个更好也是因人而异的，要根据需求进行选择。

24. 猪骨头汤和牛骨头汤哪个更有营养？

从营养上来说，牛骨汤含钙稍高一些，比猪骨汤对骨骼的发育更为有益，但是牛骨也比较热气，经常喝容易上火，所以最好是交替着喝。而且喝汤并不能满足人体对钙质的需要，促进骨骼的发育，应该多吃其他各种含钙高的食物或者补充钙片。

25. 肥肉的厚薄能决定猪肉的品质吗？

肥肉的厚薄和猪的品种、饲养周期、饲料配方等都有关系，一般来说，市面上肥肉厚的猪肉比较不担心"瘦肉精"的影响，相对感觉比较安全。另外，肥肉厚的猪相对饲养时间更长，口感相对好一些。但是过多的肥肉，脂肪含量过高，也会降低猪肉的营养价值。

第八篇

家禽篇

1. 真的有人造鸡蛋吗？

从技术上来说，人造鸡蛋是可以造出来的，有消息说美国用绿豆等植物做出人造鸡蛋，消息来源未经考证。鸡蛋虽小，结构却十分的精妙，尤其是蛋壳，无论怎么操作，灌注或者拼接都会留下痕迹，和真鸡蛋有明显的差距，可以说做人造鸡蛋是困难重重，花费不少的人力物力作出媲美真鸡蛋的"人造鸡蛋"，价格还要低廉，黑心商家是无利可图的，从这个逻辑来说，市面上的人造鸡蛋是不存在的。如果实在怕遇到人造鸡蛋，也可以通过几个方法简单识别，一是敲开鸡蛋看有没有一层薄膜，有膜的是真鸡蛋，无膜的是人造鸡蛋；二是敲开鸡蛋蛋黄不经搅拌就散开的可能是人造鸡蛋。就算吃到人造鸡蛋也不要紧张，它只是营养价值低一些，对人体没有毒害作用。

2. 鹌鹑蛋跟鸡蛋哪个更营养？

相同重量的鹌鹑蛋和鸡蛋蛋白质、脂肪和碳水化合物的含量差不多，但是鸡蛋中维生素A相对较高，而鹌鹑蛋中的卵磷脂和胆固醇较高，可以根据需求不同选择。

3. 如何分辨土鸡（鸭）与洋鸡（鸭）？

土鸡看脚，土鸭看毛。放养的土鸡脚小、细而无肉，但健硕有力、比较硬，脚掌部会有厚厚的茧，脚的皮肤粗糙；洋鸡脚比较"娇嫩"而肥大。洋鸭的鸭毛比较油光滑亮，而土鸭的养殖周期长，翅膀上的羽毛一般比较长，身上看不到什么绒毛。

4. 绿壳蛋比普通蛋更营养吗？

生什么颜色的蛋是由基因决定的，也和饲料成分的色素含量有关，只有散养的、吃天然食物的鸡生的绿壳蛋，其微量元素、维生素、矿物质、卵磷脂等含量比较丰富，其营养价值才会比较高。

5. 受精蛋跟未受精蛋哪个更营养？

鸡蛋是一个卵细胞，受精后部分蛋白质会为细胞的分化做准备，从而消耗大量的能量，受精蛋中可能发生一些激素的变化，其营养价值会降低，而且受精蛋比未受精蛋易坏。因此，还是未受精蛋更有营养。

6. 毛蛋真的比普通蛋更营养吗？

"毛蛋"吸引人的不只是口味，还有"大补"光环，因为它里面有未发育的鸡（鸭）头、脚和毛，毛蛋里面既有嫩肉，又有蛋的营养，想来是很营养的。其实受精蛋在孵化过程中，其营养成分无法从外界获得，它的营养全部来自蛋液，所以蛋液中的营养成分几乎被消耗殆尽。而且毛蛋中含有沙门氏菌、大肠杆菌、葡萄球菌等病菌，激素含量也较高。所以，吃毛蛋补身体不如多样饮食。

7. 鹅蛋真的能去除胎毒吗？

鹅蛋的营养成分和鸡蛋、鸭蛋并没有大的差异，3种蛋除了口感和香味稍有区别，营养价值和作用都差不多。鹅蛋并没有去除胎毒的作用，也没有别的治疗作用。

8. 鹅肝是病变的肝吗？

鹅肝是鸭科动物鹅的肝脏，鹅肝含碳水化合物、蛋白质、脂肪、胆固醇和铁、锌、铜、钾、磷、钠等矿物质，有补血养目之功效。法国叫鹅肝为Foie Gras，意思是肥肝，是在活鹅体内培育的脂肪肝，培育的过程非常残忍，每天用喉管直捅进鹅的喉咙深处，"填鸭式"地灌大量的饲料给鹅吃，时间长达近一个月。

9. 水煮蛋、煎蛋、蒸蛋和生蛋哪种吃法最营养？

就营养成分的保留来讲，煮蛋为100％，炒蛋为97％，嫩炸98％，老炸为81.1％，开水、牛奶冲蛋为92.5％，生吃为30％~50％，蒸蛋因为要加入水进行调和，会有一些营养物质的流失，但是蒸蛋松软易消化，适合老人和小孩及肠胃虚弱的人。

10. 每天最多吃两个鸡蛋的说法正确吗？

每天最多吃两个鸡蛋的说法主要和鸡蛋中的胆固醇有关，担心摄入了过多的胆固醇导致人体内的胆固醇升高，进而提高心脑血管疾病风险。早在1950年，科学家安塞·基斯就发现，吃胆固醇不会影响血胆固醇，他的实验中每天喂给志愿者2 000毫克（相当于15个鸡蛋）胆固醇，志愿者血液中的胆固醇没有任何变化；1999年，哈佛大学教授法兰克·胡刊登在《美国医学会杂志》的论文，调查了12万人的饮食与心脏病情形，发现吃蛋与心脏病没有具体关联。近几年有研究发现，每天摄入鸡蛋的人群，心血管病症发病风险降低11%、缺血性心脏病风险降低12%、出血性脑中风发病风险降低约1/4。而且蛋黄中含有胆固醇，同时鸡蛋中也含有分解胆固醇的物质。

11. 禽流感和H7N9是什么关系？

禽流感分为普通禽流感和高致病性禽流感，普通禽流感危害不大，高致病性禽流感可传染人，危害大。流感病毒可分为甲、乙、丙3型，其中甲型流感依据其特征可分为HxNx，共135种亚型，其中可感染人的禽流感病毒亚型为H5N1、H9N2、H7N7、H7N2、H7N3和H7N9。

12. 烤鸭的种类有哪些？

烤鸭分为焖炉和挂炉，二者的区别：首先是烤炉和燃料不同，挂炉不安炉门，用枣木、梨木等果木为燃料明火烤制，在烤制时可以随时查看和翻转。因为挂炉烤制的方式火力强烈，鸭子皮下脂肪化掉，烤成的鸭子皮脆肉嫩。而焖炉烤鸭是先将秫秸等燃料放进炉内点燃，使炉膛升高一定温度，再将其灭掉，然后将鸭坯放在炉中铁罩上，全凭炉内炭火和烧热的炉壁焖烤而成。中间不能开炉门，也不能移动鸭子，一次放入，一次取出，油脂水分消耗少，皮和肉不脱离。

13. 怎么挑选咸鸭蛋？

"看、摇、照"三步挑选优质咸鸭蛋。

"看"：蛋壳完整无裂纹，色泽正常为优良咸蛋。

"摇"：将咸蛋握在手中，轻轻摇晃。成熟的咸蛋，蛋白呈水样，蛋黄紧实，摇晃时可感蛋白液在流动，并有击水的声音，而混黄蛋与次质蛋无拍击的声响。

"照"：将蛋对光线透照，通常咸蛋的气室都比鲜蛋的气室大。如果咸蛋的气室太大，则说明质量较差。当然最靠谱的办法是煮熟切开尝一尝，咸淡适宜，蛋黄流油就是优质咸鸭蛋。

14. 吃松花皮蛋会中毒吗？

松花皮蛋是鲜鸭蛋在氢氧化钠等碱性物质作用下制作而成，加工松花皮蛋时，要将纯碱、碳、盐、金生粉（也称黄丹粉）按一定的配方混合，或浸泡，或加泥加糠包裹在鸭蛋外面。金生粉就是氧化铅，因此松花蛋会受到铅的污染，正常的松花皮蛋铅含量都在安全标准内，但有部分不法商家追求皮蛋的美观，过多使用氧化铅，造成皮蛋铅超标。长期食用铅超标松花皮蛋可能造成累积铅中毒，儿童更不宜食用松花皮蛋，因为儿童对铅更敏感且吸收率更高。

15. 西方的火鸡是什么？

火鸡是美洲特产，也叫吐绶鸡，尾巴展开如扇形的是雄火鸡。火鸡体型比家鸡大3～4倍，火鸡肉鲜嫩爽口，野味极浓，瘦肉率高，蛋白质含量丰富，特别是蛋氨酸和赖氨酸都比其他肉禽高，胆固醇低、脂肪少，具有提高人体免疫力和抗衰老等神奇功效。肉性温微热，味甘香，滋补作用较强，对怔忡心悸、头晕目眩、脾胃虚寒、食欲不振、久病体虚、腰膝乏力等有良好的功效。

16. 鸡头真的有毒吗？

"十年鸡头赛砒霜"，形容鸡越老，鸡头毒性就越大。鸡在食用饲料、环境不干净的情况下，会有很多重金属、致病菌等储存在鸡头中，造成鸡头毒素过多，比砒霜还毒，真的是这样吗？鸡靠肠胃来消化吸收，鸡的肝脏是最大的解毒器官，即使鸡摄入含有重金属的食物或是感染了致病菌，通过肝脏进行解毒和排毒，并不会将毒素堆积到头部。而且至今为止没有重金属在鸡头中超标的报道。

17. 鸡屁股真的有毒吗？

鸡屁股上有两种腺体，一种是尾脂腺，另一种是腔上囊，它位于鸡屁股小突尖的下面，是左右对称的两块淡黄色的淋巴腺体，这两种腺体可以储藏细菌、病毒、病原体等对人体有害的物质，甚至一些致癌物质，这两种腺体可以说确实是有毒，但是并不代表鸡屁股就不能食用了，只要将这两块腺体切除就可以安心享用肥美的鸡屁股了。

18. 双黄蛋是否比单黄蛋的营养价值更高？

蛋黄中有胆固醇、维生素等物质，蛋清中则有较多的胶体和蛋白质，双黄蛋中，蛋黄所含的营养会高些，但和普通鸡蛋不会有太大差别。从营养互补来说，蛋黄和蛋清的营养有一种平衡，从这个角度来看可能双黄蛋不如单黄蛋均衡。总之，不必刻意追求双黄蛋。

19. 鸡翅中真的有激素累积吗？

首先，在养殖过程中使用激素是违法的，鸡翅是常用的注射部位，注射的也多是些抗生素等药物。其次，就算注射了激素，那注射液通过肌肉吸收，透过血管壁运送到全身各处，不可能长时间停留在注射部位，如果有激素累积，鸡的全身都会有累积。再次，皮肤是重要的排泄器官，鸡翅部位的皮肤也具有同样的功能，如果产生抗生素和激素残留，鸡全身的皮肤都有残留。

20. 鸭子是不是越老越营养？

"十年老鸭如人参"，鸭子性凉，一些人吃了容易拉稀，而吃老鸭子就不会。其实鸭子从嫩到老，性质不会发生根本性的改变，只是有些营养成分的比例发生变化，嫩鸭子脂肪含量低、水分含量高、香味不足，适合炒着吃，老鸭子脂肪含量升高、香味较浓，肉质更紧，适合炖汤喝。越老越营养的说法是片面的。

21. 鸽子蛋是不是更有营养？

鸽子蛋比鸡蛋个小，其能量及脂肪含量却比鸡蛋高得多，蛋白质、维生素E、钙、磷、镁等含量也远高于鸡蛋。但叶酸、维生素A、核黄素、叶酸、硫胺素等的含量却不及鸡蛋。鸽子蛋和鸡蛋的营养各有千秋，但是鸽子蛋价格更高，大家可以根据自己的具体需求来选择。

22. 鸡炖得越久越有营养吗？

这个说法不对，鸡汤炖越久越没有营养才是真的。经过长时间煲煮，许多营养素被破坏，时间越长蛋白质变性越厉害、维生素破坏越多，煲老火汤以2小时以内为宜。而且鸡汤的营养远低于鸡肉，有些地方炖鸡汤把鸡肉丢掉只喝鸡汤的做法有点舍本求末了。

23. 阉鸡怎么区别是药物阉割还是手术阉割的？

阉鸡一直都是通过外科手术的方法摘除了睾丸的公鸡。阉鸡在我国华南地区已有3 000多年的历史，我国大部分地区，都有养殖阉鸡和消费阉鸡的习惯。也有用中药进行阉割的，具体是饲喂白胡椒和五味子，抑制公鸡睾丸分泌、改变其雄性特征，中药相对是安全的，对人体无害。20世纪80年代的时候，香港特区出产过一种叫"育肥丸"的阉鸡药，此药的残留期长，人食用后对人体有一定的影响，后被禁用。因此大多数阉鸡还是手术阉割的。如果要区分，我认为，手术阉割的有伤口，药物阉割的没有伤口；手术阉割的没有睾丸，药物阉割的有睾丸残存。

24. 鸡皮越黄越好吗？

鸡皮的颜色和品种有关，三黄鸡的皮为黄色，乌鸡的皮为黑色，肉鸡品种皮多偏白；鸡皮颜色和皮下脂肪含量有关，油脂含量高，皮呈黄色。但是鸡皮的黄色多为浅黄色，如果出现金黄或者特别亮的不正常的黄色，最好不要购买和食用。

25. 为何说多吃白肉（鸡、鸭、鱼）比红肉（猪、牛、羊）好？

红肉的特点是肌肉纤维粗硬、脂肪含量相对较高，白肉肌肉纤维细腻、脂肪含量较低。有研究发现，多吃红肉的人群患结肠癌、乳腺癌等慢性病的风险增高。

26. 发烧了能吃鸡蛋吗？

俗话说"伤寒受补"是大忌，现代流行的说法是发烧了就不能吃鸡蛋，这个是有一定的科学道理的，因为人体消化蛋白质时会产生热量，从而使体温进一步升高，确实不利于降温；但是如果只是低烧，且病人有缺少营养虚弱的表现，而且是病后的修复期，则可以适当食用鸡蛋以补充营养，有利于身体恢复。

27. 世界上最大的蛋是什么蛋？最小的蛋是什么蛋？

关于世界上最大的蛋说法不一，一种说法认为是鸵鸟蛋，因为鸵鸟是最大的鸟，所谓"虎父无犬子"，它的蛋宝宝自然也是最大的，一枚大鸵鸟蛋可以重达1.5千克左右，大小在150毫米×130毫米左右，蛋壳厚度将近2毫米；还有一种说法认为象鸟蛋才是最大的，但是象鸟这种生物已经灭绝了，象鸟蛋应该也是不存在了。蜂鸟是世界上体型最小的鸟，蜂鸟蛋则是世界上最小的蛋，一枚蜂鸟蛋只有指甲盖大小，直径不到1厘米。

第九篇

水产篇

1. 黄鳝真的是用避孕药喂大的吗？

黄鳝生殖季节在6—8月，在其个体发育中，具有雌雄性逆转的特性，即从胚胎期到初次性成熟时都是雌性（即体长在35厘米以下的个体的生殖腺全为卵巢）；产卵后卵巢逐渐变为精巢；体长在36~48厘米时，部分性逆转，雌雄个体几乎相等；成长至53厘米以上者则多为精巢。因此有传言称喂避孕药以保持黄鳝的快速生长，其实给黄鳝喂避孕药会造成高死亡率，而且黄鳝黏滑，给它注射避孕药费时费力，得不偿失。

2. 如何快速分辨野生鱼与人工养殖鱼？

以鲫鱼为例，几大技巧快速分辨野生鱼与养殖鱼：一看肤色（鱼体表颜色），野生鱼肤色浅，发白或者黄色，养殖鱼肤色深，发黑；二看体型，野生鱼体型娇小矫健、短小精悍，养殖鱼膘肥体壮、情怀温顺；三看吻须，野生鱼吻须长，唇吻部白色或浅红色，鱼鳃健康有光泽，养殖鱼吻须短，唇吻部色深发黑，鱼鳃暗淡无光颜色深；四看背部，野生鱼背部拱起较高，养殖鱼背部较平，肚皮肥、松软。

3. 什么人不能多吃海鲜？

海鲜好吃，但有几类人不宜多吃：一是患有痛风症、高尿酸血症和关节炎的人不宜吃海鲜，海鲜嘌呤过高，易在关节内沉积尿酸结晶加重病情；二是过敏体质的人不宜食海鲜，富含组胺的红肉鱼也要少吃；三是孕妇和哺乳期妇女应少吃海鲜，我国部分海产品有污染，含汞量超标，而汞可以影响胎儿和婴儿的大脑和神经发育，如果是无污染绿色海鲜是可以放心食用的；四是甲状腺机能亢进者应少吃海鲜，海鲜含碘较多，可加重病情；五是平日吃冷凉食物容易腹泻和胃肠敏感的人应当少吃海鲜，以免发生腹痛、腹泻的状况。

4. 小龙虾真的那么"脏"吗？

小龙虾被称为"下水道清洁工"，它能适应各种污染的环境，能够在肮脏的环境中生存下来，因为小龙虾有良好的排毒减毒机制，它能把重金属聚集转移到外壳，然后通过蜕皮把毒素不断转移出体内，这是种耗费能量的过程，使小龙虾不怎么长肉，较难储备能量去繁殖。其实它们喜欢干净水体和新鲜食物，这样才会个头大，繁殖多。市面上的小龙虾，就基本是大个且肉厚的，基本不用担心它很脏。但是小龙虾的头部还是有大量细菌和寄生虫，所以头部最好不要食用。

5. 小龙虾是吃什么长大的？

小龙虾适应能力强，食谱广，为杂食性，对人工投喂的食物几乎来者不拒。但同时投喂动物性和植物性食物时，它会优先选择动物性食物，是偏肉食的杂食性动物。

6. 乌龟跟甲鱼（鳖）哪个更营养？

两者的营养价值都非常高，营养价值都不能被彼此替代的。

乌龟营养丰富、味道鲜美，是现代宴席上的珍品。"龟身五味肉"，即含有牛、羊、猪、鸡、鱼等5种肉的营养和味道。乌龟的药用价值，在《山海经》《神农本草经》《本草纲目》中早有记载。龟肉中含有的DHA和EPA具有显著的抗血栓形成和抗动脉粥样硬化功效，还可降低人体中胆固醇，具有抗组织衰老，消除体内的自由基等作用。甲鱼（鳖）蛋白质含量高，每100克裙边共含18种氨基酸，包括了8种人体必需氨基酸和10种人体半必需氨基酸，这充分说明鳖营养价值是很高的；其次，鳖肉中还含有特殊的维生素B_{17}，裙边中特别多，维生素B_{17}是一种抗癌物质。

7. 为何吃鲤鱼要"抽筋"？

鱼身体两侧各有一条白色的线，叫"腥腺"，俗称"鱼筋"，不光是鲤鱼，很多鱼都有。"腥腺"是一种黏液腺，分泌出来的黏液里含有带腥味的三甲胺。在常温下，三甲胺容易从黏液里挥发出来，散布于空气中，人们闻到这种挥发在空气中的气味，便是腥味。烹饪鱼类之前去掉这条腥腺，即"抽筋"，可以减少鱼的腥味。

8. 鱼腹内的"黑膜"有毒吗？

有传言称鱼腹内的"黑膜"是污染和毒素累积造成的，有毒，不能食用。这层黑膜是鱼的腹膜，是内脏的保护膜，有的鱼腹膜为白色，有的为黑色，其颜色和鱼的品种有关，鲈鱼的腹膜为白色，而鲫鱼、鲤鱼的腹膜多为黑色。因此，"黑膜"无毒，去不去掉都不影响食用。

9. 为何痛风的人不能多吃鱼、虾？

痛风是一种代谢性疾病，是体内尿酸累积过多不能及时排出而造成的疼痛，痛风病人应避免进食高嘌呤的食物，因为嘌呤易在关节内沉积尿酸结晶而加重病情。鱼虾中嘌呤含量高，痛风病人不宜食用。

10. 为何螃蟹一旦死亡就不能食用了？

死螃蟹体内会产生大量的组胺，食用死螃蟹可能出现组胺中毒，如果是对组胺过敏的人吃一口死螃蟹肉就可以引起过敏反应。还有一个原因是死螃蟹体内外的细菌大量繁殖分解蟹肉，产生毒素，因此，细菌感染的风险高，最好不要食用。

11. 螃蟹哪些部位不能吃？

蟹腮：长在蟹腹部如眉毛状的两排软绵绵的东西，俗称蟹眉毛，是蟹的呼吸器官，用来过滤水质的，里面有很多细菌，很脏。腮下的三角形蟹白也要去除。

蟹肠：里面有蟹的排泄物，掰开蟹身之后，看到蟹黄、蟹肉处有一根根黑色的东西，要去掉。

蟹胃：躲在蟹黄里的三角包，内有蟹的排泄物。隐藏在蟹盖上的蟹黄堆里。

蟹心：也叫蟹六角板。呈六角形，藏在蟹腹中间黄膏最厚的地方，是最寒的，一定不能吃。掀开蟹壳，可以看到一层黑色的膜衣，白色片状的蟹心就在黄膏与黑色膜衣之间。

12. 贝壳类怎么去沙？

买回来的贝类，如果只是用清水浸泡，贝类也会紧闭双壳，不肯开口，如果在水中放入少许的盐或醋，贝类的胃就会受到刺激而猛吐沙了。另外，在放贝类的水中放一把刀或一块铁，这样也会加快贝类的吐沙速度。为了防止贝类将吐出的沙再次被贝类吸回去，在浸泡时，可将贝类放在滤水篓中，再将滤水篓摆在水盆上，贝类吐出来的沙就会沉落盆底，不会再被贝类吸回去了。

13. 海鱼和淡水鱼有何区别？

海鱼和淡水鱼的营养价值大同小异，都是优质的蛋白质食物，但二者也有一些差别：第一，海鱼比淡水鱼贵；第二，海鱼的矿物质和不饱和脂肪酸含量较高；第三，海鱼的口感更好；第四，海鱼易死亡，淡水鱼新鲜度更好；第五，海鱼中的蛋白质属于异体蛋白质，更容易引起人体过敏。

14. 海鲜可以与水果同时吃吗？

蟹、虾等海产品，含有丰富的蛋白质、钙等营养，而水果中则多是含有果酸。海鲜中的钙与果酸结合，会形成人体不能吸收的物质，这时候就会引起腹痛、恶心、呕吐等症状。如螃蟹和梨同时食用会造成肠胃不适，螃蟹和柿子同时食用也会造成脾胃受损。

15. 银鱼是什么?

银鱼是银鱼科,动物尖头银鱼、长鳍银鱼的全体,银鱼又称银条鱼、面条鱼。分布于我国山东至浙江沿海。银鱼营养丰富,具有高蛋白、低脂肪之特点,银鱼不去鳍、骨,属"整体性食物",营养完全,利于人体增进免疫功能和长寿。

16. 吃河豚为什么容易中毒?

"冒死吃河豚",河豚鱼肉质鲜美,却有河豚毒素,它是一种神经毒素,人食入豚毒0.5~3毫克就能致死。河豚的肝、脾、肾、卵巢、睾丸、眼球、皮肤及血液均有毒。以卵、卵巢和肝脏最毒,肾、血液、眼睛和皮肤次之。毒素耐热,100℃ 8小时都不能被破坏,120℃ 1小时才能破坏,盐腌、日晒亦均不能破坏毒素。想吃河豚就得把有毒的部位全部去除干净,稍有不慎就可能中毒身亡。

17. 为什么吃海鲜不能喝啤酒?

因为吃海鲜喝啤酒会产生过多的尿酸,从而引发痛风、肾结石等病症。尿酸过多,会沉积在关节或软组织中,从而引起关节和软组织发炎。

18. 如何识别海产品是否新鲜?

看、闻、捏来鉴别海鲜是否新鲜。看外表:泡了福尔马林的海鲜看起来特别亮、特别丰满,新鲜的海鲜反而没有那么漂亮;

闻气味：新鲜正常的水产品应该带有一些海腥味，加了福尔马林的水产品则会有轻微的福尔马林的刺激味；捏韧性：新鲜的海鲜捏上去有韧性，泡了福尔马林的海鲜变得又硬又脆，容易断碎。

另外，新鲜的鱼，眼球饱满，角膜透明，鳃色鲜红，鳃丝清晰，鱼鳞紧贴完整，体表有光泽，肌肉有弹性，鱼腹无膨胀现象。新鲜的虾，头胸节与腹节连接紧密，虾体甲壳下不泛红，虾体组织完好，虾体外表洁净，触之有干燥感。选蟹则可手提蟹体，肢体（步足）向下松垂为新鲜，腹脐上方没有黑色"骨印"泛出，"蟹黄"凝固，鳃丝洁净清晰为新鲜。

19. 海鲜如何去除腥味？

海鲜好吃，但是重重的腥味还是让人有点受不了，在烹饪之前，将鱼放在食醋里浸泡几分钟，然后沥干，这样不但能去除腥味，而且还更加脆嫩；还有一种办法是用白酒腌制；再有可以用香料去腥，如葱、姜、胡椒等，选择适当的香料，可以有效去除腥味，还能增加别样的香味，吃起来更可口。

20. 如何区别真假紫菜？

紫菜是一类生长在潮间带的海藻，其分布范围涵盖了寒带、温带、亚热带和热带海域，是世界上产值最高的栽培海藻，在中国、日本和韩国被大规模栽培。有传言说市面上出现了劣质紫菜和用塑料纸做的紫菜，几个小方法可以轻松识别：一是观察紫菜的色泽，真紫菜含有藻红素，呈现深褐色或者紫褐色，有天然的光泽；二是用水浸泡紫菜，真正的优质紫菜泡过的水基本不变色，劣质紫菜泡水后，水呈浅红色甚至像墨汁一样；三是用火烤紫菜，优质紫菜烤过后呈绿色，劣质紫菜呈黄色，用塑料纸做的假紫菜则会烧出塑料味。

21. 河鱼的重金属超标吗？

鱼体内的重金属残留主要来自其生活的水环境和摄入的饲料，如果当地工厂多、河水污染严重，河鱼有可能重金属超标。近年来环境治理成效显著，多数地方的水体是符合要求的，大部分的河鱼是没有重金属超标的，可以放心食用。

22. 孔雀石绿是净化水质的吗？

孔雀石绿是一种人工合成的化合物，是有毒的三苯甲烷类化学物，既是染料，也是杀菌杀寄生虫的药物，过去用来净化养殖水中的微生物寄生虫，后来发现长期使用孔雀石绿可致癌，我国已明令禁止添加，现主要用于铜的提炼和供作颜料。

23. 鱼鳃能吃吗？

鳃是鱼的呼吸器官，也是鱼的排毒器官，有水中的泥尘附着，还有一些毒素残留，一些不法商贩在运输鱼的途中添加一些违禁药品，更加增加了鱼鳃上的有毒残留；另外，鱼鳃的口感并不好。所以，最好不要吃鱼鳃。

24. 长期吃海鲜喝浓茶会得结石吗？

茶中含有鞣酸，会与海鲜中的钙形成难以消化的钙化物附着在体内，长期吃海鲜加茶的组合容易长出结石。所以建议吃完海鲜后至少休息2小时再喝茶。

25. 紫菜、海苔到底有什么区别？

市面上最常见的紫菜有坛紫菜、圆紫菜和条斑紫菜。咱们平常用来做菜或者煲汤的紫菜大多都是坛紫菜和圆紫菜，它一般会盘成圆盘状。而海苔是紫菜的一种加工制品，一般以条斑紫菜为主，日常吃的海苔薄片大多是用条斑紫菜加工而成的，口感偏酥脆，颜色呈深绿色。有时海苔还会选择其他种类的紫菜来加工，不同的紫菜加工后的口感不太一样。